海の本屋のはなし

海文堂書店の記憶と記録

平野義昌

苦楽堂

願海
遠く見下ろす海もいいが
近くに聞く波の音もいい
朝に白く煌く海もいいが
夜の海は闇より深い
本も原稿用紙もペンもしまって
一時間
海を見ていた

「願海」

（小野原教子氏提供）

店舗外観。元町３丁目商店街アーケード工事中（1981年1月。小林良宣氏提供）

「神戸から読者へ」ブックフェアの平台（1980年10月。小林良宣氏提供）

店舗外観（1987年７月。小林良宣氏提供）

「地方・小出版物ブックフェア」（1986年11月。小林良宣氏提供）

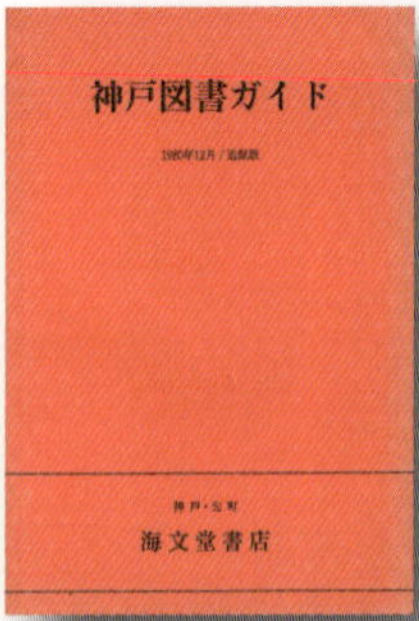

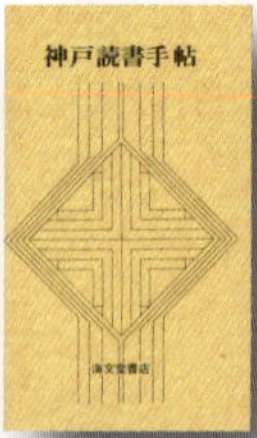

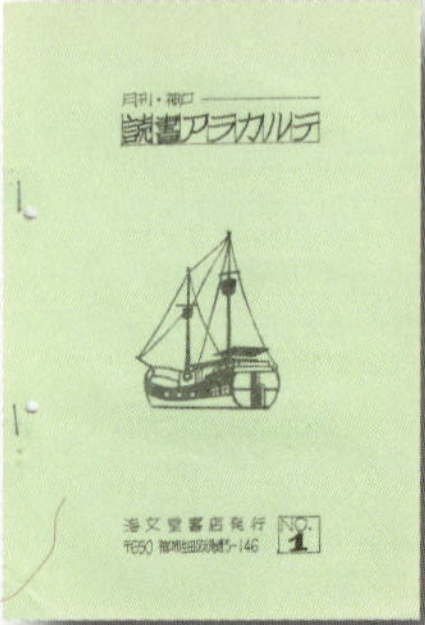

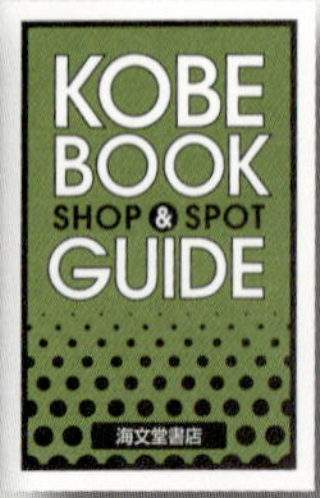

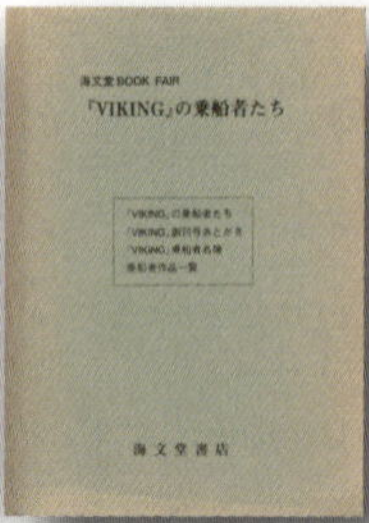

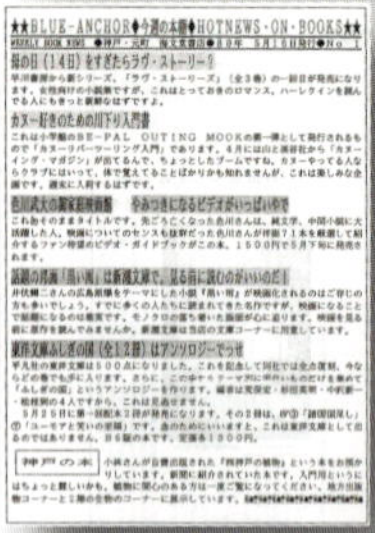

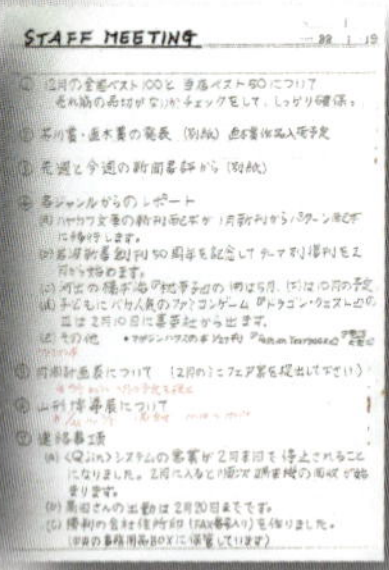

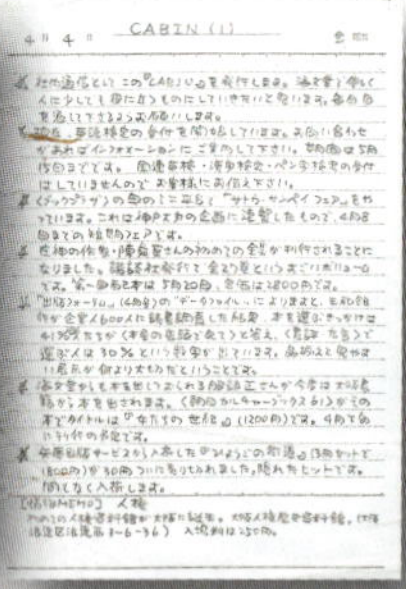

海文堂書店のPR紙誌（小林良宣氏提供）

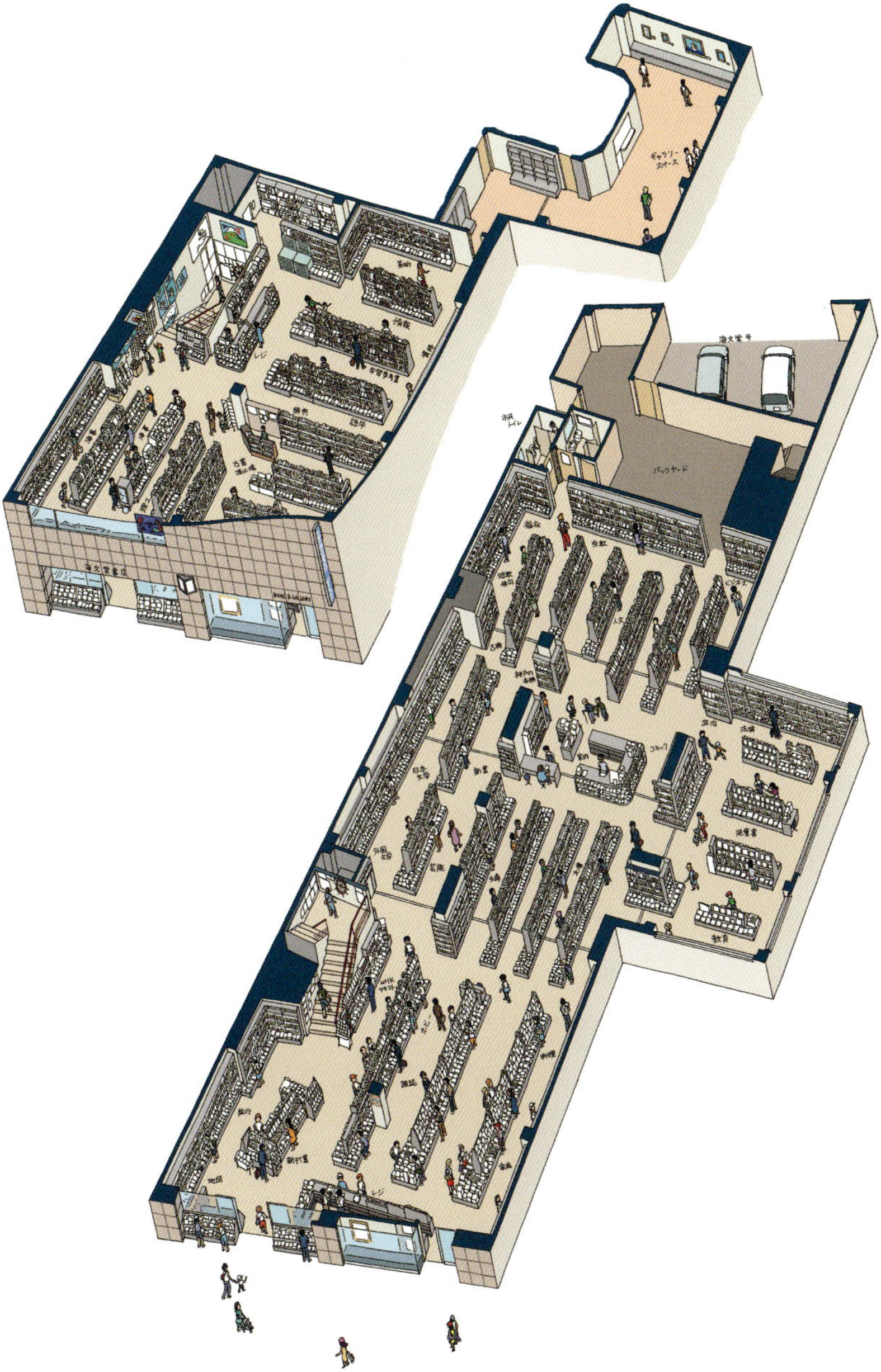

『海文堂書店 絵図 1914-2013』(鳥瞰図絵師・青山大介氏提供)

1階レジからの店内(2013年8月。以下の口絵写真すべてキッチンミノル氏提供)

2013年8月、1階中央カウンター。

2階海事書コーナー

1階実用書コーナー

少年H
非常出口
消火器

海の本屋のはなし

海文堂書店の記憶と記録

第3章 阪神淡路大震災 81

第4章 最後の店長

はじめに

神戸の〝海の本屋〟海文堂書店は2013（平成25）年9月30日閉店廃業いたしました。閉店に際しましては多くの方々にありがたいお言葉をいただきました。敗北者、消えゆく者には身に余る光栄でございました。感謝を申し上げます。

あのとき、なぜ皆さんから暖かく見送っていただけたのか、私は今もよくわかっておりません。

新聞が一面で取り上げて、さらに特集コラムの連載までしてくれました。なぜそんなにニュースになったのでしょうか。

当日、インターネットで「閉店」が知らされますと、大きな反響がありました。ネットという伝達情報手段の影響でしょうか？　小さな本屋が消えることをどうして惜しんでくださったのでしょうか？

そんなにエエ本屋やった？

エエ本屋やったら潰れませんがな。潰しませんて。

そう思いながらも、〝海の本屋〟はどんな本屋だったのか、本屋の歴史を振り返ってみます。

　海文堂書店は、創業以来の海事書専門書店から、島田誠社長・小林良宣店長時代にギャラリーとブックフェアで全国クラスの著名店になりました。福岡宏泰店長時代には歴史の積み重ねも加わり「老舗」と呼ばれ、地方で頑張る硬派の独立店というイメージができたようです。実際に売っていた本は「硬軟とりまぜ」だったのですが、きょうびの本屋の中では珍しい存在になっていたということでしょう。また、兄弟会社が教科書を出版し、自店が教科書販売店であることも他に類がないようでした。

　2003（平成15）年に私が海文堂書店に入社したとき、レジは古い手動入力式でした。印字も青いインクを補充する旧式でした。レジが壊れてもPOSレジを導入しませんでした。海文堂書店がPOSに積極的でなかった理由は費用の問題がいちばん大きかったと思います。私は地方の1店舗だけの本屋はスリップ管理で充分だと考えていました。時代遅れであることは承知しています。出版社の販売データ管理はPOSですから、多くの出版社に売上スリップ送付は不要と言われました。

　また、POSやお客さん用検索機は取次のシステムに頼ることになります。海文堂書店はそこに頼りませんでした。「独立志向」と言えば格好いいですが、取次主導の企画商品やフェアにもほとんど参加しませんでした。取次の担当さんは仕事がやりにくかったと思います。

現場の商品管理は「スリップ」1枚1枚でした。福岡は「スリップ原理主義者」を自称し、毎晩閉店後に売上スリップを確認することが喜びと言っていました。

親会社が出版社を経営していること、昔から「直取り引き」が多いことも「独立志向」の大きな要因だったと考えます。

海文堂書店の朝礼は平日毎朝9時半開始でした。経営理念や接客用語を唱和することはありませんでした。月曜日は各担当者による新刊紹介をしていました。著者と書名だけ言っておしまいの人もいれば、著者のことやあらすじを詳しく紹介する人もいました。金曜日は「金曜ミーティング」と称して、福岡店長が作成するレジュメを見ながら、行事予定、連絡事項などを確認していました。他の曜日は司会者が決まっていて、簡単なスピーチをしました。本の話、休日の話、家族のこと、社会問題……。しゃべりだすと長いのが福岡店長と私で、荷物の多い日はみんなイライラしていたと思います。

毎週火曜日には週間ベストセラーを集計して水曜日に発表していました。海文堂のベストはヨソ様とはちょいと違いました。『トーハン週報』や神戸新聞にときおり掲載されていましたが、ヨソ様とは上位が違いました。2009（平成21）年暮れから2010（平成22）年初めにかけて、全国では『バンド1本でやせる！　巻くだけダイエット』（山本千尋、幻冬舎）

が1位だった頃、海文堂書店の1位は『不死鳥レールウェイ　震災の街を走る鉄道』（奥田英夫、神戸新聞総合出版センター）でした。もちろん文芸書のヒット作品や映画化作品、宗教団体の本が1位になることはありました。でも、〝なんちゃらダイエット〟が連続第1位ということはありませんでした。そこそこのベストセラーは入荷しますが、世間様で大ベストセラーになった本は注文しても入らなかったという現実があったのです。それが海文堂の弱いところでした。

海文堂書店では、創業以来の海事書を柱に、文芸書、人文書、児童書に力を入れてきました。コミックファンの方には申し訳ないことですが、昔からコミックの在庫は少なかったのです。コミックをたくさん売るためには、バックナンバーをしっかり揃えて、きちんと管理しなければなりません。ズラーッと揃えて、ようやく新刊を中心にバックナンバーがゆっくり売れていくのがコミックです。海文堂はそれよりも、書籍、読み物を売りたい、と考えていたということです。コミックは専門店にお任せしよう、ということです。

海文堂書店は岩波書店の特約店でした。岩波特約店が一県一書店の時代からです。営業担当者が毎月海文堂書店にやってきて情報提供、新刊案内をしてくれました。新刊・新企画説明会も定期的にありました。岩波書店は買い切り制で返品できないのですが、特約店は常備寄託という契約で、1年間本を預かって販売することができ、1年後に本を入れ替えることができます。他店からは羨ましがられていました。近年、特約店は大手のナショナルチェーン店ばかりになり、関西の独立店では海文堂1店舗のみでした。それでも「岩波書店常備店」という〝看板〟はありがたいものでした。人文担当の私は説明会に出席することは2年に1回くらいで肩身が狭いと感じていましたが、福岡店長は毎回出て積極的に発言・提言をしていました。数少ない毎回出席者でした。

海文堂を語るうえで忘れてはいけないのが、「中央カウンター」です。お客さんの問い合わせを受け、本を探す、注文する、お渡しするカウンターです。本を探すときは、トーハンの書店用検索システム「TONETS」で検索して、「書名、著者、出版社、品切・絶版」などを調べてから、棚に探しに行きました。TONETSでは入荷している本かどうかまではわかりません。しかし、担当者の頭には入っている(?)ので、まず棚に走る人が多かったようです。ヨソ様の店頭と比べると前近代的でしたが、お客さんもたいていの方は探すのを待ってくださいました。図書カードの発行、客注品・定期購読雑誌の管理、それに苦情処理も店内アナウンスもここで行っていました。

お客さん用の椅子を2脚置いていました。長年の顧客さんは私たちと本の話や世間話をするために、ここに陣取りました。小一時間おられる方もいらっしゃいました。そんな方はごく少数ですが、ここでのコミュニケーションが海文堂の「ウリ」のひとつであったここのたびは小社刊『海の本屋のはなし』をお求め戴き誠にありがとうございました。
以下の欄に本書をお読みになってのご感想・ご意見をご自由にお書き下さい。

恐れ入りますが
郵便切手を
お貼りください

郵便はがき

6500024

兵庫県神戸市中央区
海岸通2-3-11 昭和ビル101

苦楽堂 行

お名前	性別	ご年齢	歳
ご住所 〒			
ご職業			
お買い上げ書店名 （都道府県　市区町村　）			

※個人情報は苦楽堂の出版企画のみに用い、社外への提供は一切行いません。

とは間違いありません。

この本を書くにあたり、最後の日まで一緒に働いた仲間たちの何人かにあらためて話を聞きました。私も知らなかった話がずいぶんとありました。「本屋の本」は世に多くありますが、文芸や人文の担当者だけでなく、実用書の担当やレジ担当、アルバイト、外商や教科書販売、そしてもちろん海文堂書店の「看板」でもあった児童書や海事書担当まで、自分のしてきた日々の仕事とお客さんとの思い出をここまでたっぷりと話してくれている本はないと思います。詳しくは第5章に記します。ここではあの「朝礼」の代わりに、ひとりずつ短く登場してもらいます。

●レジ担当　石川典子

「すごい古いレジだったんです。子どもさん連れたお母さんとかが『さあ、ここでチンしてもらおう』『ピーしてもらおう』とかって言うんだけど。海文堂書店は全部手動だから、打ちながら自分で『ピー』とか言ってました（笑）」

●実用書・旅行書担当　柿本優子

「思ったほどは阪神タイガースの本、売れませんでした（笑）。広島の選手が書いた本は売れてたけど。鉄道の本も、阪急電車とか昔の神戸の市電の本は売れるんです。けど阪神電車の、あったのかな。阪神とJRと阪急、乗ると匂い違うんですよ。阪急に乗ったら『ああ、いい匂いがする』って思います（笑）」

●文芸担当　熊木泰子

「お客さんとの関係が濃い本屋だったと思います。よその本屋で見て、その本をメモしてきて、『海文堂で注文します』みたいな方はおられましたし。店長もお客さんの名前はよく知っておられました。その方も別に本を買いに来たというよりは、ふらりと挨拶をしに来たみたいな感じで」

●アルバイト　黒木達也

「海文堂で仕事してなかったら、元町商店街ってまあ寄らないですよ。元町駅で降りて大丸のほう行きますよ。レジ入ってて、レジを打つ回数とか、かけるカバーの減りとかを考えたら、震災（注・東日本大震災）のあたりから一気に人通りが減った覚えがあるんです。レジだから、後ろを向いたら商店街の通りなんですけど、パッと振り向いたら『人がいないなあ』って。急にじゃないんですけどね」

●海事書担当　後藤正照

「閉めるときに、船のことが好きで勉強してる人から『どないしてくれんねん。責任取れ』っかせぇ』って」

て怒られたことありますよ。『これからどこへ買いに行ったらええねん。次の本屋をどう

●児童書担当　田中智美

「いつも立ち読みしてる男の子がいたんです。頻繁に来るので『お天気いいから外で遊んだら』って言ったら、『兄ちゃんが遊んでくれへん』とか、そういう会話をするようになって。商店街の子で、きっと忙しくてかまってもらえないんでしょうね。『座ってたらだめよ』とか私はだいたい怒ってたんですけど、あるとき外で出会って。向こうから『あー、本屋の！』って、満面の笑顔で。私、びっくりして。いつも怒ってたのに。『ああ、話しかけられたのがうれしかったのか』と気がついて」

●外商・教科書担当　早川明

「閉店しますという案内をいろんな学校とかお客さんに話をして回ったんですけども、こちらとしては売上が悪いから店を閉めるんやという感覚じゃないですか。だけど、すごく皆さんに残念がられて、あれは逆に私びっくりしました。ああ、お客さんがこんなに残念がってくれるなんていうことはほんとにあるんやなと。それなりにすごい店やったんやなというのは、自分であらためて思いましたね」

●中央カウンター担当　吉井幸子

「海文堂書店のお客さん、優しかったです。本のことをすごく楽しそうに教えてくださったり、お話ししてくださってたので。あるお客さんは、閉店が決まってしばらくしたときに『次行くとこ決まったか?』って聞いてくださいました。『心配してくださってるんや』と思って、すごくありがたかったですね。『さみしくなるよ』とおっしゃっていただいたので。ありがたかったです。この接客で間違ってなかったなと思います」

もう、なくなってしまった本屋ですけれど、そこで一緒に働いてきた仲間たちの声を読んでいただければ――それが今、本屋の現場で働いている多くの仲間たちに届けば――私も成仏できます。

なお、最初に申し上げておきます。この本はけっして〝エエ本屋の美しい閉店物語〟ではありません。ウジウジグズグズした嘆き節です。

「そない言うたら、そんな本屋、あったなあ~」くらいのお気持ちでお読みください。

また、本書は「公式社史」ではありません。

私、平野義昌は2003(平成15)年、海文堂書店に入社しました。それ以前にコーベブックスで5年、三宮ブックスで20年、書店員として働きました。

書くのは、勤務たった10年だった平野です。平野が知らない「歴史」については、なるべく客観的事実に基づいて書きます。資料からの引用文が多いことをご了承ください。なお、文中「海文堂」「海文堂書店」の表記が混在しますが、67（昭和42）年に海文堂の書店部門が「株式会社海文堂書店」となって以降の記述は、特記あるもの以外すべて海文堂＝海文堂書店の意です。

OB・OGの皆さん一人ひとりの名前を挙げることはできませんでした。お許しください。文中、敬称は略しております。

第1章　港町

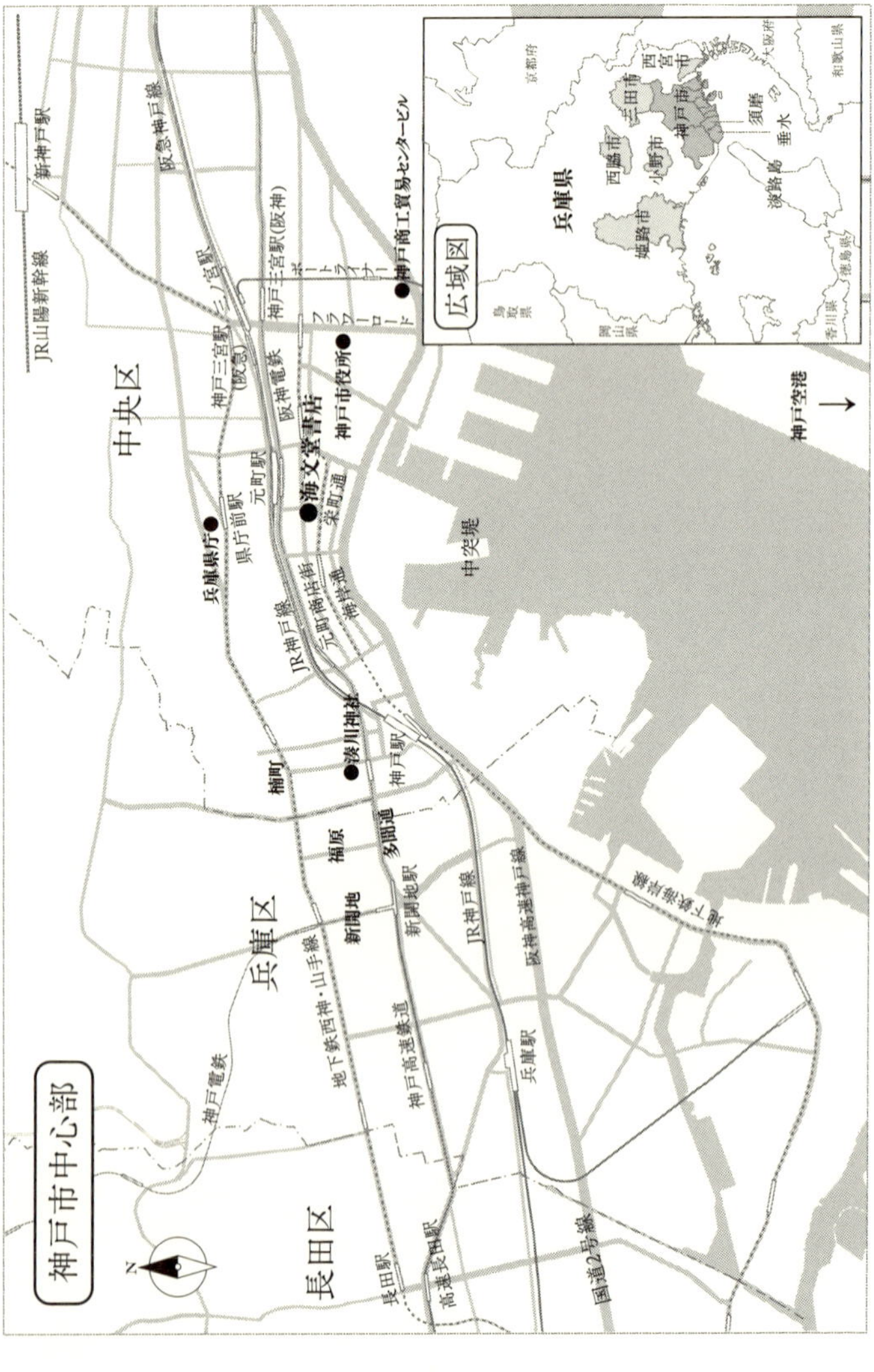

神戸市中心部
中央区
兵庫区
長田区
JR山陽新幹線
新神戸駅
阪急神戸線
神戸三宮駅(阪神)
三ノ宮駅
神戸三宮駅(阪急)
阪神電鉄
元町駅
県庁前駅
兵庫県庁
海文堂書店
神戸市役所
神戸商工貿易センタービル
フラワーロード
栄町通
元町商店街
海岸通
中突堤
JR神戸線
湊川神社
神戸駅
楠町
福原
多聞通
新開地
新開地駅
地下鉄西神・山手線
神戸高速鉄道
JR神戸線
阪神高速神戸線
兵庫駅
神戸電鉄
高速長田駅
長田駅
国道2号線
神戸空港
広域図
兵庫県
京都府
大阪府
和歌山県
鳥取県
岡山県
香川県
徳島県
姫路市
西脇市
小野市
三田市
西宮市
神戸市
須磨
垂水
淡路島

創業

海文堂の店舗は、１９４５（昭和20）年3月の神戸大空襲で一切の商品・家財・資料ともに焼失してしまいました。創業からのことは関係者の記憶と他者の記録によるものです。年表に記載した以上のことはわかりません。

創業者・賀集《かしゅう》喜一郎（１８７５〔明治８〕～１９４０〔昭和15〕）は淡路島の洲本出身で、若き日、約5年間、朝鮮・台湾で海運業に就いていました。14（大正3）年、神戸で海事図書出版・販売業「賀集書店」を創業しました。喜一郎がなぜ活況であった海運から出版業に移ったのかは不明です。

賀集家は淡路の庄屋で、地名にも「賀集」の名が残っています。江戸時代末期から明治にかけて、淡路の産業振興に貢献した人材を輩出しています。

創業の地について、手元にある資料では神戸市湊東区楠町と同区多聞通（区制変更で現在中央区）の2カ所記載されてます。どちらもJR神戸駅の北側です。多聞通と楠町にはさまれた橘通には神戸市役所がありました。西に湊川神社、福原・新開地の娯楽街、西南部には川崎・三菱の工業地帯が広がっていました。のちに店舗を移す元町商店街は東側になります。

大正初期、日本は第一次世界大戦の影響で好景気の時代でした。神戸も造船、鉄鋼、海運がその恩恵を受け、元町商店街は大繁盛していました。南側の栄町通には銀行と貿易会社が、その南の海岸通には海運会社が軒を並べていました。

《その栄町通がビジネスセンターとして、もう一つ南の海岸通とともに発達し、山手の官公街、住宅街、花街との中間に位置した元町通は、地の利を得たものといってよい。昔から外人客が多く、外国商船・外国艦隊の入港するたびに、観光客、外国船員や水兵たちがどっと元町通にあふれる有様で、外人向けのみやげ物を売る店の多いエキゾチックな商店街を展開していた。また一方、日本中探してもここにしか売ってないという舶来品もたくさんあった》（西川光一『神戸　今とむかし』冬鵲房《とうじやくぼう》、86年）

たとえば、砂糖を扱う個人商店「鈴木商店」が重工業から化学、食品、鉱山、ゴム栽培、海運、倉庫、保険まで事業を拡大していきます。本業の貿易だけでも年間取り扱い金額は16億円（19［大正8］～20［同9］年）で、三井・三菱を圧倒していました。

《商圏は全世界にわたり、大戦中に鈴木が獲得した外貨は十五億。スエズ運河を通過する全船腹の一割は、ニッポンのスズキのものと言われた》（城山三郎『鼠　鈴木商店焼打ち事件』文春文庫、75年）

戦争景気で賀集書店の経営は軌道に乗りました。ただ、初期の出版物については何もわかっていません。書誌研究では、19（大正8）年の発行目録が残っていて、『航海表』『実用航海術』『羅針儀自差必修整全』『造船学』『船舶の衝突と其責任全』他、月刊誌『海の世界』など45点掲載されているそうです。確認できる最古の出版物は16（大正5）年の『摘要産婆学』（石岡正己編、文楽堂賀集書店、21［大正10］年再版は神戸市立中央図書館蔵）です（福岡映子「神戸出版史ノート　昭和期（戦後）」『歴史と神戸』第93号、神戸史学会、79年）。

23（大正12）年元町商店街に移転しますが、既に世の中は不況の時代に入っていました。18（大正7）年、米騒動から鈴木商店焼き討ち事件が起こっています。翌19年（大正8）は第一次世界大戦終結で産業界は大規模な人員整理をはじめ、21（大正10）年には三菱神戸・川崎造船所の大労働争議となります。リーダーの中に、当時神戸のスラム街で貧民救済活動に従事したキリスト教伝道者の賀川豊彦の名があります。

『海事大辞書』

喜一郎は25（大正14）年から『海事大辞書』（住田正一編、全3巻、２９５６ページ）を発行します。セット価格25円。当時『週刊朝日』が12銭ですから、単純比較で現在週刊誌４００円なら８万

〜9万円という価格です。

上巻25（大正14）年10月刊、中巻12月、下巻26（大正15）年3月と続きました。上巻奥付で発行が「海文堂書店」になっています。平野作成の年表「海文堂書店のあゆみ」（巻末に収録）では26年改称です。これ以前23（大正12）年からは「賀集海文堂」という名称も使っています。編者・住田は海商法、海運研究者で、鈴木商店に勤務したこともあり、「上巻」の「序」で本書出版について次のように述べています。


わが国では学問を主として、実地を従としたため、学問理論と現場での作業が一致しないことがある。先進国の学問は長年の経験の基礎の上に成り立っているが、わが国はまだ学問の進歩の程度が低い。明治初め、海運の必要性が唱えられ、輸入されたのは知識ではなく、外国船舶と外国人船員による実際の運用方法——経験と実地によって海運の基礎が作られてきた。航路を拡張し、取引を拡大してきた。日清・日露・第一次世界大戦が絶好の好機となったのは偶然ではない、云々。

《故に我国としても此《この》著大なる過去の実験的発達の結果を総合し、茲《ここ》に一つの系統的蒐集を試み、海運に関する真の学問即ち経験と学理との併進合一の実現を為さしむるの必要に遇せるものと謂うべし》（原文旧字旧かな）

文章は住田の筆によるものですが、喜一郎の考えも同じであるはずです。この文章に喜一郎の出版への情熱を読み取りたいと思います。

意気軒昂、自信満々の出版だったのですが、売れ行きは不振でした。「中巻」では発言は弱くなっています。

《本来此事業は普通一般辞書類の刊行と其《その》趣きを異にし、其購読者の範囲も至って狭小にして、発行部数も少く、従って多大の経費を要し、出版上の困難甚だしきものあり。此事業の進捗と共に此点は当初より深く憂慮せし所なり》

近藤記念海事財団（日本郵船第三代社長・近藤廉平の事業を記念し、近藤家の私財で21［大正10］年に設立、海事に関する学術奨励、調査・研究、育英事業を行い、現在も活動中）から出版補助費が出されたことも記されています。

「下巻」の「序」では本書出版の反省を述べ、関係者に感謝の言葉を献じています。

《一、本書は神戸に初めての印刷なりし関係上不充分なるの点少からず、殊に印刷校正の点に就ては誤植少からず、上巻の如き其甚だしきものあり。こは一に編者の監督不行届に因るものにて、深く其罪を謝すると共に、此点は最近の機会に於て正誤を試みんことを期するものなり。
二、本書上梓以来海運界の事情に変化を来したるものあり。又其足らざる事項にして補充を要すべき事項の後に発見せられたるものあり。是等の不備不満足なる点は或いは将来

の機会に於いて訂正増補することあるべきを信ず。（後略）》

最後に、近藤記念海事財団が補助金を給付してくれたことと、鈴木商店の金子直吉と商法・海商法の専門家である松波仁一郎《にいちろう》他諸氏の援助に謝意を述べています。印刷所は「海文堂印刷部」となっています。

この大企画出版は失敗しました。投入した資金は10万円と言われています。海文堂書店は倒産の危機に直面しました。

本書は海文堂出版に1セットだけ残っていて、ナフタリン漬けで保存されています。平野が手に取ることができたのは、2012（平成24）年4月、ある団体から海文堂書店に寄贈されたものです。いくつもの団体印が押されていましたから、各所を漂流してきたのでしょう。その後、海文堂書店が某所に寄贈しました。大正、昭和、平成と生き延びてきた本です。海文堂の先輩たちの苦労が詰まった本、海の男たちの手に触れられ、彼らの役に立ったであろう本です。

賀集喜一郎が用いた出版社名を国立国会図書館と神戸市立図書館の蔵書検索で調べますと、「賀集文楽堂」「賀集書店」「賀集」「賀集海文堂書店」「海文堂書店」とあります。昭和になると「海文堂書店」「海文堂」「海文堂出版部」が使われています。

賀集一進堂

海文堂閉店が決まったあと、あるブログで喜一郎の曽孫＝賀集由美子という人に出会いました。由美子はインドネシア在住で、閉店ニュースがあって初めて父上から、曽祖父が創業者であることを聞きました。

由美子から、祖父（喜一郎の次男・市太郎）が兵庫で本屋をしていた、という知らせがありました。「賀集一進堂」と言います。

『兵庫縣書籍雑誌商組合三十年誌』（同組合編・発行、37年）に名前がありました。「湊區上三條町　一新《ママ》堂　賀集市太郎」となっています。（註1）

「一進堂」の創業年は不明です。喜一郎が亡くなる前年（39〔昭和14〕年）に廃業しています。支店だったのか、独立していたのか、いずれにしても喜一郎の衰えとともに店も、ということでしょう。

市太郎はその後、賀集一族ゆかりの「淡陶社」（陶磁器製造・販売会社、現Danto）に入社したそうです。

幻の店舗

林喜芳《きよし》（1908［明治41］～94［平成6］）、生まれ育った湊川新開地をこよなく愛した神戸市生まれの詩人です。著書『香具師《やし》風景走馬燈』（冬鵲房、84年）、詩集『露天商人の歌』（私家版、59年）など。海文堂によく見えていたそうで、PR誌にも寄稿してくれています。その寄稿のなかで興味深い文章があります。

《――大正の末、昭和のはじめの頃の海文堂は一番街協和銀行のところにあって、海事関係の堅い書籍で埋まっていたようなお店であった。私は「裸人」とか「街頭詩人」という同人雑誌の依託を幾度かお願いに行ったことがある。ご主人は快よく店頭に場所をあけて平積みにして置かせて下さった。それが有難く、いまも覚えている》（註2）

これは初めての証言です。元町通1丁目にも店舗があったことになります。海文堂にも元町商店街にもその記録資料はありません。出版部門と販売部門が別の場所にあったということかもしれません。3丁目の土地を一度に手に入れたわけではないのでしょう。あの場所に落ち着くまでの一過程であったと推測します。

「われわれはよい書籍を出版しよう」

岡田一雄は11（明治44）年兵庫県加東郡（現在の小野市）生まれ、実家は八百屋・乾物商でした。兵庫県立神戸商業学校（現在の県立神戸商業高校）を卒業後、コーヒー輸入業で成功しました。30（昭和5）年に入社しています。賀集家とのつながり、海文堂経営参加の経緯については明らかではありません。また、どのように事業が承継されたのかもわかりません。

国立国会図書館の蔵書検索を見ますと、32（昭和7）年の『船用補助機関学』（臨時公立商船学校教科書編纂委員会編）の発行所名は「海文堂書店」ですが、その住所は「東京市神田区錦町」です。巻末の年表には53（昭和28）年に東京出張所開設とありますが、この時代に東京に出版拠点ができていました。神戸でも出版は継続しています。

45（昭和20）年3月、神戸大空襲で海文堂は焼失しましたが、46（昭和21）年10月、営業を再開しています。国立国会図書館蔵書では、48（昭和23）年『発動機の故障と修理』（越田積一《せきいち》、発行所神戸）、49（昭和24）年『鋼船構造規程解説』（上野喜一郎、発行所東京）があり、神戸と東京で出版を再開しました。戦後の海文堂の出版については、「海事図書専門の老舗海文堂」（福岡映子『歴史と神戸』第93号、神戸史学会、79年）が詳しく紹介しています。

海文堂書店の中央カウンターの机には岡田一雄の言葉が貼られていました。

《われわれはよい書籍を出版しよう。

でき得れば利益を得たいがやむをえなければ損をしてもよい。

しかし、常によい書籍の発行を念願としよう。

出版の文化的使命は重い》

現在も海文堂出版のホームページに掲げられています。

いつ一雄が宣言したものかは不明です。「出版」と書いていますから「出版部」が独立した58（昭和33）年でしょうか。それとも、株式会社化した48（昭和23）年でしょうか。私が海文堂書店在籍中、この言葉について他のスタッフから聞かされたことはありません。私は《でき得れば利益を得たいがやむをえなければ損をしてもよい》《出版の文化的使命は重い》に、出版人・岡田一雄の気概を強く感じました。

三宮ブックス（神戸市中央区）社長の村田耕平が一雄について話をしてくれました。村田は52（昭和27）年から大阪の取次会社に勤め、65（昭和40）年に海文堂書店はじめ兵庫県下の5書店が神戸市のさんちかタウンにコーベブックスを共同で出店する際に、現場責任者としてスカウトされました。開店準備のため海文堂書店の従業員室に泊まり込んで働きました。村田は取次勤務時代から多くの本屋の親父さんを知り、彼らが皆文化人であると思いましたが、一雄には工学書専門出版社社長という別格の雰囲気があったと言います。

私は長女・悦子（73〔昭和48〕年から２０００〔平成12〕年まで海文堂書店の社長を務めた島田誠の妻。44〔昭和19〕～２００９〔平成21〕）に生前話を聞いています。

家庭での一雄は優しいが、しつけ・作法にはうるさかったそうです。昔は住み込みの従業員もいて大所帯でした。賄い係の女性もいて食事は皆一緒でした。食器は銘々別であっても箸をつけたら残してはいけない、箸をつけていなかったら他の人に食べてもらえる、という考えです。

一雄がよく口にした言葉は「暮しは低く思いは高く」、イギリスの詩人ワーズワースの詩の一節だそうです。悦子は、「贅沢は敵というより、贅沢などいつでもできるという余裕を持つこと」と、父の姿を見て解釈したそうです。（註３）

けっしてケチではなく、自分も子どもたちにも、身につけるもの、鑑賞するものは〝本物・一流〟を第一としました。〝本物〟を知ることで、子どもたちが将来どこに行っても困らない、慌てないようにという思いからです。

映画と音楽が好きでおしゃれで新しい物好きでありました。ファクスの前身である機械をいち早く導入（当時送受信に半日かかった）しましたし、新しい家庭電化製品はすぐに購入したそうです。

一雄は東京の海文堂出版に月1度出向き、1週間滞在しました。悦子がねだったおみやげを忘れたり、間違ったりすることがありました。謝り、言い訳する一雄を、彼女は怒って困らせました。

また、悦子は父親が考え事をしている姿や、社長室には絶対に近寄ってはいけない、と言われていたことを思い出します。

「経営者としての苦労を想像できた」

良き父親の姿があります。

早すぎた死

73(昭和48)年5月、岡田一雄は食道癌で亡くなりました。前年体調不良で入院しましたが、当時の医療では早期発見はできませんでした。61歳の死は家族にとっても海文堂にとっても「早すぎる死」でした。「大きな死」でした。事業承継について何の準備もしていません。死を前に一雄はあとのことを家族に告げました。長男は銀行を辞め、海文堂出版を継ぎます。長女・悦子の婿・島田誠が海文堂書店を継ぐことになります。次男はまだ大学生でした。出版・書店とも実務を仕切る〝番頭〟は存在していましたが、後継者も従業員もそれぞれ苦悩があったことでしょう。

島田30歳、悦子と結婚して2年、大会社の経理マンという安定を捨てることになります。悦子は島田が書店経営を継ぐことに大反対しました。父親の苦労を知っていたからです。それでも島田が決断したのは、死の床での義父の願いだけが理由ではありませんでした。青年期、詩を書き、音楽活動にのめり込み、美術を愛し……、芸術・文化に触れる仕事に憧れがありました。《「もしも店が洋品店やレストランだったら断ったでしょう」》（後藤正治『奇蹟の画家』講談社、２００９年）、《「本屋なら悪くない」》（『日本経済新聞』96年10月2日付夕刊「人間発見　無愛想なコウモリ③」）と妻の反対を押し切りました。

註1　賀集喜一郎は24（大正13）年から30（昭和5）年まで組合の評議員を務めています。また、「大正六年以降拾年以上勤務店員表彰者氏名」の項目に「昭和九年二月［海文堂出版部　田中正美］」とあります。組合員名簿（昭和12年2月2日現在）には、「神戸區　海文堂出版部　賀集喜一郎　海文堂小賣部　小林基治」の記載があります。

註2　林喜芳「むかしもとまち　青い錨」『月刊ブルーアンカー』第7号（海文堂書店PR誌、82年）。文中の「協和銀行」は元町商店街東入口にありました。

註3　岡田一雄が愛読した訳文は不明ですが、「暮しは低く思いは高く」の文言は、弘文堂『アテネ

文庫』（48〔昭和23〕年〜）内「アテネ文庫刊行のことば」（西洋史家・鈴木成高《しげたか》）文中に引用され広まったようです。岩波文庫『ワーズワース詩集』（田部重治《たなべじゅうじ》訳、38〔昭和13〕年初版）では「質素なる生活、高遠なる思索」となっています。

【補足1】大正、昭和初期の電話帳を調べました。大正13年版に「賀集喜一郎」で記載があります。昭和8年版以降、「書籍商　海文堂　賀集喜一郎」で記載され、昭和14年版で「海文堂小賣部合資會社」が加わりました。さらに昭和16年版に「海文堂出版部」が掲載されています。住所はすべて「元町三ノ三四〇」。「賀集一進堂」について情報はありませんでした。別の用事で神戸の古本屋を調べていたところ、『神戸の古本力』（みずのわ出版、２００６年）所収の「神戸古書店リスト１９２６―２００６／地図」で「一進堂書店」という名称を発見しました。「荒田町3」となっています。39（昭和14）年頃の記録で、由美子の情報と時代的に符合します。賀集一進堂が2店舗あって、新刊と古本両方を扱ったのか、新発見か、と喜びました。同書編集者・林哲夫に確認したところ、「一進堂」の経営者は賀集市太郎と別人でした。徒歩圏内に同じ名称で新刊屋と古本屋があったということになります。早合点しなくてよかったです。林大人に感謝いたします。

【補足2】岡田一雄時代に「メトロ店」（高速神戸駅地下街）、「センター店」（神戸市中央区浜辺通、神戸商工貿易センタービル内）、「県庁店」（県庁互助会内）と、支店を3軒出店しています。年表にあるように、出店・閉店の正確な時期がわかっているのは「メトロ店」だけです。神戸市立図書館にある「職業別電話番号簿」昭和40年版では支店の記載はありません。同45年版に本店を含む4店舗が記載されています。同46年版で「県庁店」がなくなり、同49年版では「センター店」も消えています。「センター店」は貿易センタービルが完成した69（昭和44）年に開店したと考えられます。閉店の時期は正確ではありませんが、島田誠が入社時には既になかったということですので、72（昭和47）年までに閉店していたと思われます。「県庁店」はもっとあいまいで、66（昭和41）年以降に開店し、閉店時期は不明です。小林良宣が入社した76（昭和51）年にはまだあったということです。

第2章　画廊と書店誌

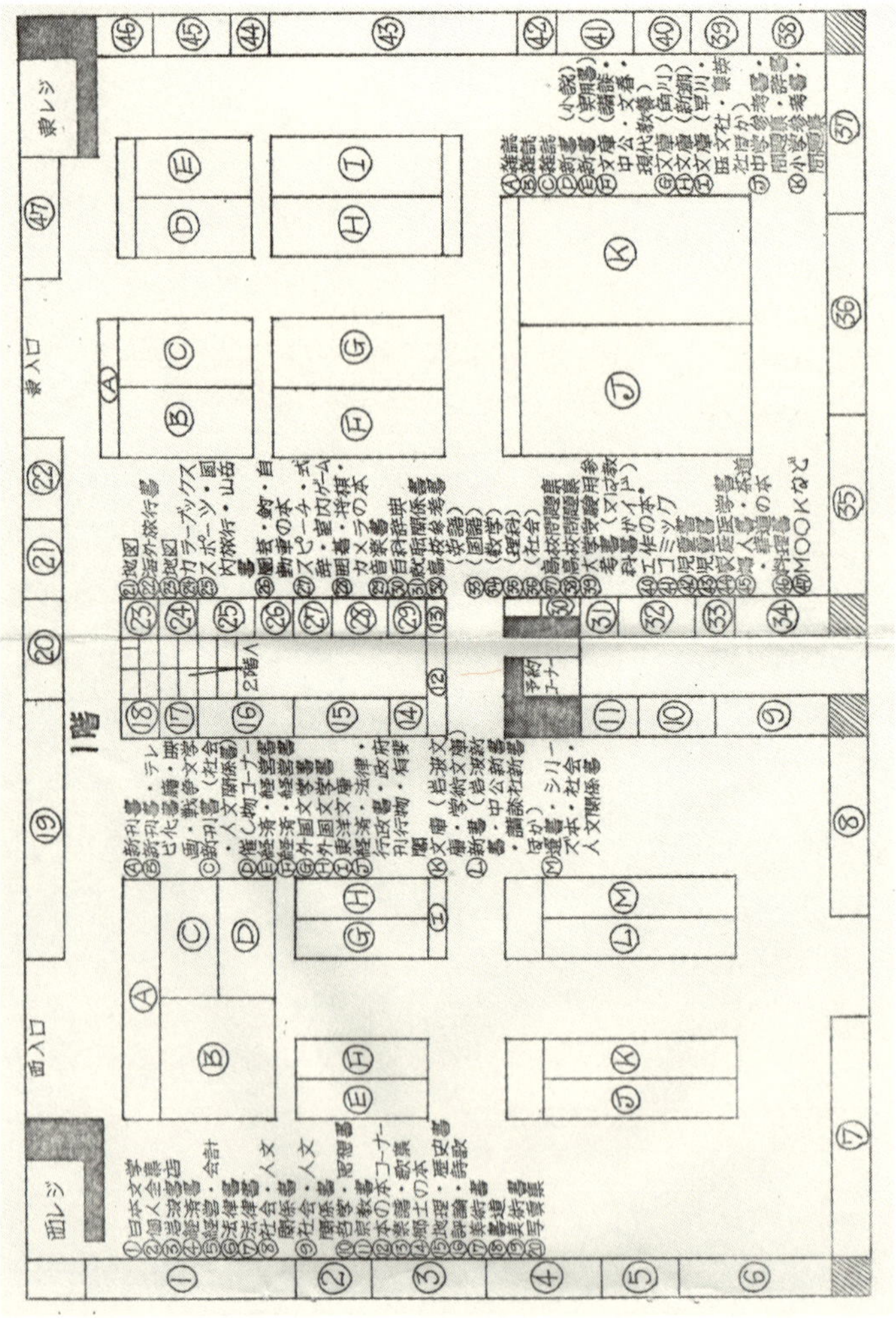

店舗改装前の海文堂書店１階フロアマップ（本文 47 ページ。『月刊神戸読書アラカルテ』1981年１月号）

本を仕入れ値で売る

島田誠の活動が目立ち始めるのは1978（昭和53）年からです。社長室兼応接室を日曜大工で15平方メートルのギャラリーに改装しました。豪華な美術本を売りたい、ゆっくり腰掛けて見てもらいたいという思いからです。その後も書店の増改築の際に、88（昭和63）には90平方メートルに広げています。

私は島田のギャラリー開設は彼の趣味の延長ではないかとずっと思っていました。しかし、島田は海文堂書店の今後を考えていました。

元町は商業地域として三宮に差をつけられ、本屋も三宮にあるコーベブックスが台頭してきました。元町商店街は海文堂書店のある3丁目まではまだ人通りは多いものの、4丁目以西は衰退してきました。島田は元町の本屋としての海文堂書店に海事書以外の別の柱が必要だと考えました。児童書の拡充はそのひとつです。島田はもうひとつ、当時出版社が力を入れだした高額美術書（版画付きなどの豪華本）をお客さんと話しながら販売しようと考えました。当初はギャラリーというより美術書売り場の延長のようなものでした。

海文堂書店にギャラリーができたことで、出版社ルートから原画展や版画展の依頼が入るようになり、絵も美術本も売上が立つようになりました。

島田のギャラリー開設は海文堂書店の生き残り戦略のひとつでした。本格的なギャラリーに勝るとも劣らず、毎週企画展を入れ替えて開催しました。若手には無料で貸し出すこともありました。

音楽では会場を別に借りて「サロンコンサート」を主催します。

ギャラリー開設から3年後、81（昭和56）年、新再販制度問題が起きます。事の起こりは78（昭和53）年10月、当時の公正取引委員会委員長・橋口收の「本、レコード再販廃止の方向」発言です。出版界では著者、読者も巻き込んで論争となりました。

海文堂書店のPR誌（後述）『月刊神戸読書アラカルテ』でも、第2号（80年1月）、第10号（80年9月）、第12号（80年11月）で取り上げています。

80（昭和55）年6月末、新聞各社が「本の値引き実現、秋にも価格自由化」と報じました。新聞も再販商品です。新聞社は出版もしています。当事者である新聞社が本の値引きのことだけを報じて、新再販制度の内容やこれまでの再販制度廃止についての議論を説明していません。

『アラカルテ』第10号で「新再販制度」について、何が「新」なのかを島田が説明しています。

《従来、私共の書店では、包括的な旧再販により、書籍への表示が、定価○○円であろうが¥○○円であろうが、単に○○円であろうがすべて定価通りに販売してまいりましたが10月１日以降に出版する出版物については、出版社の判断により、非再販商品には、定価の文字を記入せずに、流通させこれについては値引きも可能になりました。(但し、10月１日以前に発行の出版物は定価の文字が無くても従来通り、再販商品です)（後略）》

新聞報道は値引きを想定した非再販商品の出現を誇大に宣伝しているが、新制度は現状を追認したもの、というのが書店の立場です。

第12号では、出版流通対策協議会（以下、流対協）のパンフレット『読者にとって再販制とは何か――本の定価販売と読者の利益について――』を掲載し、再販制とは？　海外の制度は？　再販制がなければ？　返品はムダか？　再販性のメリットは？　安売りは読者の利益か？　など新制度下の本の流通について説明しています。

流対協は78（昭和53）年に公正取引委員会の再販廃止に反対した出版社80社によって結成されました。再販制擁護、小出版社への差別的取引改善の活動を現在も続けています。

新制度でどうなったのでしょうか？

出版社は非再販品も出版できるようになりました。

10月１日以降発行される出版物は、「定価」という表示のあるものは「再販商品」で値引きできません。「定価」の文字の表示がないものは、「非再販品」で値引き可能です。但し、9月30日以前に出版されたものは、「定価」の表示がなくても「再販商品」です。

では、10月1日以降「非再販品」は出版されたのでしょうか？

「非再販品」第1号は年末（店頭に並んだのは翌年1月上旬）、橋口公取委員長の著書（経済学の本ではなく美術エッセイ）でした。「自由価格本」として出版されました。『美のフィールドワーク』（創世記、価2000円、初版3000部）、「定価」とは表示していません。

これを海文堂・島田誠は仕入値で販売しました。1540円。儲けなし、経費赤字です。

島田は手書きの看板にこう書きました。

《この本は、著者（公取委員長）の意志により非定価本の第一号として出版された。この著者のユーモアを祝し、本来、内容的にも価格競争になじまない書籍を書店のリスクにおいて価格競争を行う愚を笑って原価にて販売致します。　2000円→1540円》

このことは神戸新聞社会面（81年1月17日）にトップで取り上げられました。

《定価なし本…つき合いきれんワ　仕入れ値バーゲン

「橋口さんの考えは、本の文化的特質を無視した暴論」と神戸市中央区元町三、海文堂書店（島田誠社長）が反発をエスカレートさせ、〝定価〟に代わる〝価二千円〟の本を仕入れ価格の千五百四十円で安売りを始めた。独禁法の番人、公取委員長の発言を逆手にとった書店側の〝抵抗〟だが、読書家には今ひとつすっきりしない》

神戸新聞は橋口委員長にも取材しています。

《本の再販制に問題があるという私の見解は変わらない。本来、小売書店が値付けするのが望ましい。しかし、（中略）この神戸の書店の売り方について論評するわけにはいかない。一種のブラックユーモアか……》というご意見です。

島田が「非定価本騒動記」を『アラカルテ』第15号に書いています。

《――ここに力説しておきたいことは、私自身の独断によれば、充分に2000円の価値のある本だということです。当店で1540円で買い求められた方は、不当に安く入手されたのではないだろうか》

造本の良さ、橋口の絵画に対する造詣の深さと文章を絶賛しています。

このとき、大手スーパーがどさくさ紛れに通常の再販出版物を1割引きで販売しました。

その後「非再販出版物」はどうなったでしょうか？

出版社が価格を下げたバーゲン本＝「部分再販」はあります。また、大手出版社の雑誌の中には次号発売後値引き可能とする「時限再販」があります。私が実際に店頭で販売した「自由価格本」は、96（平成8）年の『学校・宗教・家族の病理』（吉本隆明、深夜叢書社）だけです。

新店舗オープン

海文堂書店は81（昭和56）年8月16日をもって元町3丁目の店舗の営業を終了し、同じ場所に新店舗を建設します。工事期間は4ヵ月でした。工事期間中、近隣2ヵ所に仮店舗を置いて営業は継続しました。

北店、元町商店街北側。海の本、人文・社会科学書、定期購読取り置き。

南店、元の場所から東4軒目。雑誌、文庫、旅行書、実用書、新書、文学書。

『読書アラカルテ』第21号（81年8月号）で新店舗の予告をしています。1階・2階計250坪、自然科学、人文・社会科学、児童書、ギャラリーの拡充、充実……。

島田の挨拶です。

「海文堂書店のオープンにあたって」（『読書アラカルテ』第22号）

《この地に店を構えて五十八年。戦災焼失にもめげず、専門書中心の書店として読者の皆様のご愛顧により、順次成長をしてまいりましたが、店舗の老朽化と、増大する書籍群、多様化する読者ニーズに対応するため一大決意をもって、今回の計画に取り組みました。検討期間を含めると三年間、日本設計事務所と具体的打ち合わせに入ったのが、ちょうど一年前でした。新しい海文堂書店がめざすものを図面に具現していただくため、何度も何度もプランを練り、限られた予算の範囲内で最高のものを作るため、熟慮に、熟慮を重ねました。（中略）

昨今の再販制度論争、スーパー業界の進出、他業界からの大規模店の参入、更に活字離れ現象と、私共の業界も、ここ数年揺れに揺れているといっても過言ではありません。いかにして生き延びるか、という命題に、簡明な答えはありません。私共としては、たとえ活字離れが進行しようが、安売り本が横行しようが、どんな時代であれ「本の世界」に価値観をもち、安らぎをえ、友を求める真の読書人は必ずいると信じ、そうした読者に愛される書店も必ず生き残ると信じます。
私共は、時代に添寝することなく、中堅書店として、五十八年間元町一筋に育てていただいた読者のための書店をめざしました。（後略）》

海事図書分野での絶対的強みとノウハウ蓄積のうえに、さらに《専門書店の集合としての総合書店》をめざすと宣言しました。

店内を13のゾーンに区切り、各ゾーンに担当社員を配置し、商品管理、データ分析、お客さまの案内、各ゾーンに担当者用の机を置きました。

1階中央に「インフォメーションセンター」（中央カウンター）を設置し、各種目録、出版情報誌を揃え、専任担当者が相談に応じる。

以下3つのゾーンについては《従来の書店の概念を拡張する試み》を行う。

「海のゾーン」

海事図書という硬いイメージから抜け出し、海洋小説、釣り、ヨット、モーターボート、魚の本、加えてマリンイメージのインテリア、アクセサリー（のちの港町グッズ）を置く。

「児童書ゾーン」

絵本・児童書だけではなく、スイス製の木のおもちゃを扱う。

「芸術ゾーン」

海文堂ギャラリーを設け「オリジナル絵画、版画の展示販売」を行う。

オープン記念催事として、著名作家サイン本フェアを開催し、81（昭和56）年12月26日の足立巻一《けんいち》をはじめ、翌82（昭和57）年2月にかけて灰谷健次郎、田辺聖子、陳舜臣、筒井康隆らを招いてサイン会を開催しました。

まだ「大規模小売店法」があった時代です。中小業者保護のため、当時、店舗面積500平方メートル以上の大規模小売店の出店には規制があり、12月15日は1階だけしか開店できませんでした。2階の開店は翌年3月になりました。海文堂書店はこの店舗のまま、2013（平成25）年9月まで営業をしました。

81（昭和56）年8月以前の店舗はどんなものだったのでしょうか。

1階90坪、2階30坪、計120坪。この広さになったのは75（昭和50）年です。

当時の店長、小林良宣が作成した店内案内図が『読書アラカルテ』第14号にあります。入口が店舗の東西にあり、レジが東入口から入って東側隅と西入口西側隅にそれぞれ配置されていました。東入口から入ると雑誌、実用書、文庫、新書、学参、児童書です。西入口は文学、経済、法律、人文、美術書です。東西入口の間にも美術書の棚があり、その正面にある2階への階段が東西のゾーンを仕切るような形になっていました。2階は1階西側部分のスペースだけで、海事書、理工書、辞書、語学、教育書でした。当時ギャラリーは2階奥の事務所ゾーンにあり、1階奥の作業場の階段を上らなければなりませんでした。スタッフが鑑賞ご希望のお客さまを案内しました。

棚見出しを天井から吊り下げ、棚には分野ごとの案内表示を貼りつけ、番号札を差していました。お客さまを棚まで案内できないときは番号を伝えるようにしていました。「本の本コーナー」は当時からあり、その隣が「郷土の本」です。階段の舵輪はこの旧店舗のときから海文堂書店のシンボルでした。階段脇のショーケースには常時「作家生原稿」を展示していました。

まちづくり

84（昭和59）年から87（昭和62）年、島田は元町商店街の場外馬券場反対運動に積極的に参加します。この運動は元町のまちづくりを考える運動でもありました。その経緯については島田の著書『無愛想な蝙蝠《こうもり》』（風来舎、93年）に詳しく書かれています。一部を引用します。
《商店街のエゴだけの反対運動であってはいけない。市民のレベルの問題として考えよう。もう一つは、ただ絶対反対を叫ぶだけでなく、相手を説得できる論理をもって、あくまでも話し合いで決着したい》
《――話し合いのテーブルにつくということは、ぼくたち自身、馬券ビルに反対するばかりではなく我々自身が、どのような努力をして、元町をどんな街にしたいと願っているのかを自らに問わないといけない時が来たことを意味した。守るべき元町の文化とは、伝統とは何か。反対、反対と呪文のように唱えていても街はよくならない。斜陽元町の責任は当然、第一にぼくたち自身にある》
議論は進みますが、出口は見えません。
《プランの発表から九年目を迎えた。ぼくたちの戦いは冷静にみて勝ち目は見当たらなくなっていた。そもそも二年前、ぼくたちが戦列に加わったときにすでに雌雄は決していたのだ。（中略）ぼくたちのこの二年間の取り組みを最初からやっていたら結果はきっと変わっていた。でも、その責任はやはり、無関心だったぼくたち自身に帰せられる》

87（昭和62）年1月6日、農林水産省は場外馬券ビル建設を許可しました。

手術

89（平成元）年2月頃から島田は指先が冷たくなる感じを覚え、春になって《少し「痺れる」感覚》になりました。島田は健康には自信があったのですが、主治医に相談、神戸中央市民病院脳神経科で検査を受けました。

7月7日検査、10日診断。脊椎を腫瘍が侵蝕していました。いつ四肢の麻痺、呼吸不全が起こってもおかしくない状況でした。

17日入院、27日手術。

《文字どおり、まな板の鯉ならぬ鮪。朝九時に裸で鮪のように手術台にころがされて、麻酔をかいで一瞬で気を失い、気が付いたら集中治療室の中。先生の顔がみえた》

6時間余りの手術、麻酔は完全にさめてしまって眠れません。一晩中治療室の様子を眺めていました。

入院前、会社のデスクを整理、書きためていた詩、短歌、その他の原稿を処分しました。子どもたちに《おれにもしものことがあっても、もう自分たちの力でやってゆけるな》と言いおきました。

このような事態を予想もせず、雑誌『こうべ芸文』(神戸芸術文化会議、89年7月)42号に「夭逝」をテーマに随想を発表してしまっています。《若い頃は、「いつ死んでも悔いなきよう生きる」と志を持っていた》そうです。

《いまさらぶざまな様子は見せられない。(中略)こんな大口を叩く奴ほどいざとなると、からっきし意気地がないということはよくある。おしっこをちびりそうになるほど恐怖にかられるとか、気分的に落ち込むとか……、今回に限りという条件付きで言えば、すべて平常心で受け入れることができた》

入院中、島田は音楽と読書で過ごしました。

《ぼくは、幸運にも恵まれ、素晴らしい人びとと出会い、温かい人びとの励ましと、支えによってもうすぐ完全社会復帰します。すべての人に心から感謝いたします。そして、このことはぼくの今後の人生の生きざまとしてはっきりと表れてこないといけないと考えます》

言葉どおり、島田の活動は、本屋・ギャラリー・商店街の枠を越えて広がっていきます。

2つの文化基金

亀井純子はオランダ領事館文化担当で、島田とは日蘭文化交流活動でつきあいがありました。

90（平成２）年5月、癌のため40歳の若さで亡くなりました。翌年、夫君亀井健《たけし》から島田に、彼女の遺志を汲んで若い芸術家の活動支援——彼女が働いて貯めたお金１０００万円を役立てたい——の相談がありました。

《さて、この一千万円で何ができるか。継続的に支援しようとすれば、利息の運用益を原資にするほかないけど、たいしたことはできない。ここは、趣旨に賛同いただける皆さんに呼びかけて寄付を募ろう。こうして亀井純子文化基金がスタートした》

92（平成４）年1月、第1回助成事業として国際交流イベント「美術家たちの提灯展」が実現します。イサム・ノグチデザインによる提灯をつかって内外の作家たち15人が美術作品をつくる巡回展です。

お役所の決済がおりたのは7月です。8月、「基金」発足記念コンサート。その席で以後の助成事業を発表しました。第2回は外国人による「四ツ谷怪談」（演劇）。第3回は音楽家の展覧会（現代音楽）。第4回は実験劇場シアターポシェット（芸術育成）。

《スタートしての基本基金は千三百万円。なんという小さな基金だろう。でも亀井純子さんの蒔いた小さな種が、多くのひとの善意の拠金によって育ちつつある。一件二十万円の助成でしかないけれども、この小さなお金の援助がなければ実現しないことだってある》

2010（平成22）年3月までに91件1800万円の文化助成を行いました。

2009（平成21）年、島田の妻悦子が癌で亡くなりました。彼女の遺志で同年「神戸文化支援基金」が設立されました。二人の〝芸術を愛した女性〟にちなんだ「基金」は2011（平成23）年合併し、公益財団法人「神戸文化支援基金」として活動を継続しています。島田は現在代表理事を務めています。

奇蹟の画家

92（平成4）年6月、島田は無名画家と出会います。石井一男という男性が島田に絵を見てほしいと電話をかけてきました。翌日、海文堂ギャラリーに石井が絵を持ってきました。ケース一杯の絵を1枚ずつ見て、島田は驚きました。女神像のような女性を描いたものでした。同年10月、石井一男最初の個展が海文堂ギャラリーで開催され、多くの観客を集めました。石井一男は現在も年に一度ギャラリー島田で個展を開いています。毎回開廊時間前にファンの方の行列ができます。島田が見出した画家は石井だけではありません。島田が画家とのつながりの中で、他の人が見つけられなかった画家たちを発見してきました。島田石井と島田については、後藤正治『奇蹟の画家』（講談社、2009年）に詳しく書かれています。

戦後民主主義

私が島田誠について詳しく書いているのは、彼が海文堂書店にとって重要人物だと思うからです。島田は73（昭和48）年から2000（平成12）年まで海文堂書店の社長でした。島田は小林はじめ当時のスタッフたちと海文堂書店を全国クラスの有名店にしました。島田は書店内に画廊をつくり、ボランティア活動をし、メディアで神戸を代表する文化人のように取り上げられました。目立つ人です。島田に反感を持つ人もいると私は思います。島田本人も感じています。

《ぼくが書いたり、やったりしていることを見て、何か胡散臭さを感じたり、偽善の臭いを嗅ぎとったりする方もおられるだろう》（『無愛想な蝙蝠』）

私が島田のことを知ったのは、彼が海文堂書店社長時代のことです。小さな本屋のヒラ社員（私）から見れば、島田は老舗書店の経営者で、新聞で文化の大切さを訴える人でした。

2003（平成15）年に私が海文堂書店に入社したときは、島田はギャラリー島田の社長でした。島田が海文堂書店に客として本を買いに来たときに挨拶をするだけです。私は年に一度か二度ギャラリー島田に行くようになり、海文堂書店の歴史を訊くために島田の妻である悦子（岡田一雄の長女）に面談をお願いしたこともあります。

2013（平成25）年9月30日に海文堂書店が閉店してから、私は島田と親しく話をするようになりました。私は、島田が海文堂書店閉店を最も残念に思っている社外の人間だと思っています。その島田がやはり閉店を残念に思っている海文堂スタッフやサポーターといっしょに「海文堂生誕100年まつり99＋1」（2014年5月31日から6月11日、ギャラリー島田）のイベントを開催してくれたことに感謝しています。

島田が海文堂書店の経営者であり続けていたとしたら、海文堂書店は存続できていたでしょうか。私は書店員を続けていられたでしょうか。答えは出ません。わかりません。

でも、文化至上主義の島田が経営者であり続けていたら、閉店の形は違ったものになったと断言できます。なぜなら、島田は人とのつながりを大事にする人だからです。

島田は次項で述べる小林良宣店長編集の海文堂書店PR誌にも積極的に参加していま

す。79（昭和54）年『週刊神戸読書アラカルテ』では、第8号で「この生きる重みを伝えたい 林竹二さんの本」を寄稿しています。兵庫県立湊川高等学校（夜間）での解放教育実践授業を伝える3冊の本の紹介です。第12号と35号では「拝啓!・万引諸君!」、続発する万引きに2回にわたって怒りを込めて抗議します。第40号「出版界ちょっといい話」はベテラン校正マンのことです。同年12月から「月刊」になりますと、ほぼレギュラーで書いています。音楽、古本、読書、身辺雑記など多岐にわたります。

小林良宣という図書整理・図書検索の経験があり、本屋の仕事のなかで新しいことに意欲を持って取り組む人材を得て、島田の海文堂書店での活躍の場が広がりました。

島田は42（昭和17）年生まれ、戦後民主主義教育を最初から受けた世代と言えます。新しい思想・文化の中で育ちました。芸術に親しむこともできました。

小林も、島田のおおらかな性格と自由を尊ぶ精神のもとで、その手腕を発揮することができました。

静かなる番頭

68（昭和43）年、小林良宣は高校を卒業して神戸大学の経済経営研究所・経営分析文献センターに勤務しました。国家公務員です。ここで3年間図書検索の研究、整理を学んだことが海文堂での仕事に役立ちます。その後、龍谷大学史学科に入学、大学生協書籍部で働きながら卒業し、聴講生となって勉学を続けていました。

「当時、オイルショックもあり、不況で就職難でした。昭和51年の1月の朝、西宮の今津駅で新聞を買い、その募集欄に出ていたある印刷会社を受けるつもりで西へ」

同じ欄に海文堂の募集もあり元町駅で下車し場所を確認して、翌日一番に面接を受けました。

「あとで聞くと、20数人の応募があり、新卒者も多かったといいますから、僕が採用されたことは偶然だったと思います。面接者は清水部長と島田社長でした。よその書店と比較したわけではありませんが、あの福音館のウサギの絵（注・当時のシャッターにはディック・ブルーナの絵が描かれていた）を見て『ここなら』と思いました」

小林が言った「清水部長」は、戦後の海文堂を支えた「番頭さん」清水晏禎《やすよし》のことです。父が戦前に「清水瞭文館」という出版社を経営していました。本人は取次会社・大阪屋を経て神戸市元町通5丁目の本屋・宝文館に勤め、のちに海文堂に移りました。正確な年代は不明ですが、三宮ブックス・村田耕平社長が学参取次で修業中だった55（昭和30年）年頃には宝文館で活躍していたそうです。

海文堂退職後、顧客から本の注文を受け、取り寄せて届けていました。「清水瞭文堂」を名乗っていました。

年表に清水の名はあまり登場しません。記録が残っていないことがいちばんの理由です。「僕が面接を受けたときは、当初は清水部長を社長とばかり思っていました。仕事ぶりはあまり若い人に口をださず、実直にそつなく、堅実な棚づくりでした。お客さんへはつねに低姿勢でしたね。人を持ちあげるのが上手でした。引き継ぎは特にありませんが、棚がすでにひとつの答で、それをベースに少しずつ新刊書を加えながら変えていきました。島田社長とははじめは親密でしたが、時間が経つにつれてその方向性は違っていったのではないかと思います。しかし、異を唱えるとかいうことは一切なく、素直に方針に従っていました」

79（昭和54）年1月から小林が始めた海文堂書店のPR紙『週刊神戸読書アラカルテ』に清水も何度か寄稿しています。昭和30年代から40年代前半、神戸市内で繁盛していた本屋と百貨店の書籍部の名を挙げています。

第16号、「書店24年生の反省――店員は店の顔――」。

《ひと昔前までは、本屋といえば、須磨に宝文館、長田に隆文館、百文館、昌文館、新開地に福井文昌堂、隆司書房、神文館、漢口堂、神戸駅前に丸善、盛文館、元町通に日東舘、宝文館、尚二堂、海文堂、大丸前に来て、オールスター書店、灘方面は、宝盛館、南天荘、中央堂、六甲堂、これ以外は三宮で阪急百貨店書籍部が光っていました。デパートでは、そごう、大丸、三越も書籍の扱いはありました》（注・正しくは福井文昌堂は明石。のちコーベブックスに共同出資した老舗。新開地には「フクイ書店」があった）

また、「読者のための店作りに謙虚に取り組みたい」と書いています。お客さんから問い合わせがありました。探している本を他店で「品切」と言われ海文堂では「未刊」と言われたが、どっちだと。清水はお客さんの前でその出版社に電話を入れ、「未刊、1ヵ月後の刊行予定」であると確認を取りました。

「洪水のような新刊」や店頭の「雑務」に追われて、お客さまに「軽率な回答」をしてしまっていることに注意を促しています。情報の提供、探しやすい配置、相談できる書店員養成、親しみやすい店など、「小さな努力を積んでいきたい」と結んでいます。

書店フリーペーパーの原形

ここからは、小林がつくったフェアの冊子やPR誌を紹介していきます。今で言う「書店フリーペーパー」です。小林は担当部門の仕事、店長の仕事、教科書や季節商品を担当していたこともあります。多忙の中、プライベートの時間を使って冊子やPR誌を作成していました。

私は『神戸読書ガイド』や『神戸読書手帖』は知っていましたが、その他のものは2013（平成25）年の海文堂書店閉店後に読むことができました。海文堂書店の資料を私が集め出すと、ベテランスタッフやOBが少しずつ持ってきてくれました。

PR誌はガリ版刷り、手書き、和文タイプ、印刷とさまざまです。1冊1冊めくりますと、小林の本への情熱がわかります。執筆者に作家、お客さん、海文堂書店のスタッフの名前があります。

私は小林にPR誌をつくり続けた理由を訊きました。

「使命感かなあ」

と言われたことがあります。もう一度訊きました。

「高校の文芸部、職場のサークル誌、大学時代に友人とつくった文芸誌など、つねに何かつくりたい気持ちがあって。調べて記録する、書くことは好きです。プロの作家をめざしたことはありません。自分で文章力はないと思うし、書いていることは創造的なものではないし。

海文堂書店でPR誌を続けていたのは、本のことや出版界のことを読者に伝えたいという思いからです。他店のPR誌に刺激は受けましたが、マネはしていません。PR誌はその道具のひとつでした」

本屋というのは、本を通して人と人をつなぐ仕事だと思います。

私は在職中にこれらのPR誌を読めませんでした。海文堂書店の後輩たちに小林のPR誌づくりは受け継がれたでしょうか。

「僕が店長になった頃はスタッフは年上の人が多くて、彼らは僕のしていることに関わってきませんでした。休憩時間に手伝ってくれた女性スタッフは社外で同人誌をつくっていました。文学好きの若い男性がよく執筆してくれましたが、在職中に交通事故で亡くなりました。

僕が退職して間隔があいたけれども、福岡（宏泰、85年入社、94年副店長、2000年より店長）君が『海会《かいえ》』（2003年創刊の海文堂書店PR紙）をつくったから、PR誌は受け継がれたと思います」

●『兵庫の同人誌』

編集責任者・小林良宣、発行者・島田誠、発行所・株式会社海文堂書店、24ページ、縦21×横11センチメートル。

県下の同人誌一覧表。77（昭和52）年4月開催した「郷土出版物フェア」のために作成した小冊子。無料配布。

フェアは、従来からの郷土誌コーナーと同人誌コーナーを統合して、兵庫の文化の概要を見渡せる内容になるようこころがけたそうです。海文堂は地元の本を大切にしてきました。このフェアと冊子はその成果です。

アンケートを実施して、回答のあった62誌と、回答はないがその存在が判明している15誌それぞれの発行所、所在地、代表者、特色、入会方法・会費、フェア参加の有無を掲載。今も続いている文学誌『AMAZON』『VIKING』はもちろん、詩、短歌、俳句、川柳、児童文学などが並んでいます。〈総合文化誌〉や〈一行詩〉というジャンルがあり、〈謡曲〉もあります。

代表者欄に私がその名を知るのは以下の人たちです。赤尾兜子《とうし》「渦」、伊丹三樹彦「青玄」、時実新子《ときざねしんこ》「川柳展望」、小島輝正「たうろす」、足立巻一《けんいち》「天秤」。

この目録に掲載されている同人誌は77点ですが、このうち2013（平成25年）年9月の海文堂書店閉店時に店頭にあったのは『AMAZON』『VIKING』の2点だけでした。

●『神戸読書手帖』

編集責任者・小林良宣、発行者・島田誠、発行所・(株)海文堂書店、44ページ、縦18×

横11センチメートル、78(昭和53)年11月10日発行、頒価100円。

神戸の古書店の一覧、三宮と元町周辺の本屋地図、図書館の案内、本の知識など、本について読者に知ってもらえるように小林が作成しました。本屋情報を掲載することで、読者が読みたい本やほしい本を探す手がかりにしてもらえるようにという意図もありました。島田誠がこう書いています。

《この小冊子は、本を愛する人々のために極めて不充分ではありますが、より本について知っていただく手引として作成いたしました。と同時に、〝本屋は、本を知らない〟といわれぬように今後も努力を続けてゆくことの、私共の一つの証しでもあります》

読者の批判を受け入れ努力することを宣言し、出版流通の問題点について見解を述べています。この冊子は読者の疑問に答え、読書・文章論を紹介し、書店・古書店・図書館を広く案内しています。本の豆知識のほか、各ページに書物・読書に関する箴言を掲載しています。

批判を受け止め、それに応えようとする姿、問題点を明らかにし読者の判定を待つという態度が現われています。地域の書店・古書店をもれなく掲載し、図書館や本についての情報も紹介しています。自店の繁盛だけ考えているのではありません。

ネット検索などない時代。目録を何冊も繰り、棚に眼を凝らし、人に訊ねて回り、古書店や図書館に足を運び……。

　読者のため、書物のために、自分たちができることをしたいという心意気があります。本への愛があります。

●『神戸図書ガイド』
　編集者・小林良宣（海文堂書店）、元正章《はじめ》（南天荘書店）、松本博（コーベブックス）。発行所・海文堂書店、コーベブックス、南天荘書店。印刷所・太陽印刷工業。80（昭和55）年10月1日発行。B5判、79ページ、出版社広告7ページ。定価200円。
《『神戸図書ガイド』の発行にあたって
　北の山、南の海、すきとおる風――この素晴しい神戸の地に生まれた本たちのことを、あるいはこの神戸について記された本たちのことを忘れずにいたいという思いから、私たちはこの『ガイド』を作成した。
　わずか1年の間に、それも素人の私たちが拾いあつめた本たちは2000前後にすぎない。玉石混交の図書リストでもある。石ころのほうが多いかもしれない。それでも一つの道には違いない。石ころだらけの道だが、神戸（人）の歩んだ道、私たちの一年の道が、ここにはある。（後略）》

発行の1年前に3人の書店員が共同企画「神戸の本フェア」開催をめざして、本書作成作業を開始しました。予定どおり共同フェアは行われ、業界の話題になりました。

本書は地方・小出版流通センターを通して全国でも販売され、初版1300部完売となりました。3人の熱意と努力の賜物ですが、書店主と仲間たちの理解・協力、出版社の支援はもちろん、各地図書館、外部の研究者の資料提供もありました。平野は元正章・松本博両人とも長くおつきあいいただきご指導を仰ぎました。彼らの本の知識と経験・情熱は素晴らしいものです。アイデア力・実行力、アピール力にも尊敬の念を持っています。しかし、本書の実務については小林がリーダーシップを執ったものと想像いたします。本書だけではありませんが、小林の図書整理・図書検索の経験が大きな役割を果たしたことは間違いありません。

●『神戸図書ガイド　1980年12月／追録版』
編集者・小林良宣、元正章、松本博。発行者・島田誠。発行所・海文堂書店。印刷所・太陽印刷工業、黒田タイプ印刷。80（昭和55年）年12月1日発行。B5判、86ページ。定価300円。

編集者はそのままですが、発行は海文堂の表示のみです。初版に訂正を加え、約200

文献を追録して、第二版として発行しました。「編集後記」にこうあります。
《三書店で発行した初版1300部を作成したが、約1ヵ月で在庫がなくなった。そのすさまじいほどの反響は作成した編集者たちの汗をぬぐってくれるに充分なものだったばかりでなく、郷土＝神戸への感心の高さを示すものであった。感謝すると共に、その関心に応えるために、第二版を印刷・発行することにした。（中略）分類の充実や、収蔵図書の増大はまだまだ今後の作業として残されている。そういう意味では『神戸図書目録』への道は遠く、このガイドは、目録に向かう一つの過程にすぎない。
多くの人達のご協力を得ながら、《目録》に向かって一歩ずつ歩んでいきたいというのが、私たちの変わらぬ夢である。（小林）》
本書刊行後も小林は海文堂書店のPR誌で補遺としてリストの掲載を続けました。

●『「VIKING」の乗船者たち』
作成者・小林良宣、発行者・島田誠、発行所・海文堂書店。印刷所・神戸オフセット印刷株式会社。84（昭和59）年9月10日発行。縦21・2×横15・7センチメートル、44ページ。定価200円。

同年9月、海文堂は神戸の文学同人誌『VIKING』創刊400号記念のブックフェアを行い、同人＝乗船者たちの本を集めました。富士正晴、島尾敏雄、庄野潤三、久坂葉子、島京子、小島輝正、小沢信男、山崎豊子、高橋和巳、宇江敏勝、山田稔、杉本秀太郎《ひでたろう》、津本陽……錚々たるメンバーです。ここに挙げた作家はごく一部の人たちです。私（53［昭和28］年生まれ）の年齢ではまさに錚々たるメンバーなのです。若い人たちがわかる人では、医療現場を題材にしている久坂部羊《よう》（55［昭和30］年生まれ）が20代に乗船していました。もちろんペンネームですが、私は夭折した神戸生まれの作家の名を思い浮かべます。同時に2階ギャラリーで「『富士正晴画遊録』刊行記念写真展」を開催しています。

『VIKING』は47（昭和22）年、神戸で富士正晴、島尾敏雄ら9人で創刊した文学同人雑誌です。同人たちはこの雑誌を海賊船にたとえて、代表をキャプテン、加入を乗船、退会を下船と言っています。のちに著名な作家となる人たちが乗船し下船していきました。現在も月刊ペースで刊行を続けています。表紙には、発行地を和歌山県高野町に移した現在も『VIKING 神戸・東京』と記載されています。毎月の例会が神戸と東京で開催されていました。

小林が書いた「『VIKING』の乗船者たち」にこうあります。

《『VIKING』は昭和22年10月に創刊号を発行して以来、実にこの4月には400号を突破して長期航海を続けています。家庭の水まわりから山あいの溪谷、沿岸から遠洋航海と、人により、時により、その航海の形は異なりますが、この船に乗った人達は現時点で162名。航海を支えた人たちの数は更にその数倍になるだろうと思います。実に大きな人力船です。時に、帆を張ることはあっても快速船ではない、ゆったりとした人間の船、『VIKING』。

この同人誌の表紙には〈VIKING CLUB　神戸　東京〉という文字が常に入っています。神戸という字の響きが何ともいえずさわやかなのは、神戸住まいの故でしょうか。（後略）》

●『KOBE BOOK SHOP&SPOT GUIDE』

編集責任者・小林良宣、編集協力者・岩田照彦、発行者・島田誠、発行所・(株)海文堂書店。発行日・96（平成8）年11月1日。縦40・8×横54・4センチメートル、1枚8つ折。定価200円。

『神戸読書手帖』（78［昭和53］年刊）を改訂して、地図と名簿だけのコンパクト版にしたものです。「1・17」（阪神淡路大震災）から1年半後。「マップ」は中央区繁華街だけですが、この時点で掲載されていない（営業再開できていない）書店が何店舗もあります。まだ「廃業」ではありませんが、残念ながら、のちにすべてのお店が「廃業」もしくは「移転」されました。その一方で、「駸々堂《しんしんどう》」が大店舗を開業しています。

●『神戸読書アラカルテ』

読者向け週刊情報紙。文責・小林良宣、カットも小林。79（昭和54）年1月〜11月発行。第1号のみA5判、以後B4判。ガリ版刷り。

発刊の挨拶として、こう記しています。

《このたび発行することといたしました、この「神戸読書アラカルテ」は、粗雑な紙に、いたらない文章ですが、みなさまへの読書情報の場として、私たちからのメッセージの場として、作成いたしました。読んで、ポイとくずかごへ、で結構です。一時でも、みなさまと共にすごせたら幸せに存じます。私たちは、神戸に根を張って生きる、神戸っ子らしい書店を目指します。みなさまからのご支援をお願いいたします》

第1号は不要になったブックカバーの裏側に刷っています。「今週の本だな」では、ベストセラーとして海文堂書店発行の『神戸読書手帖』を紹介しています。他に、灰谷健次郎講演会の案内、「こんなこと・あんなこと①紙の歴史」（出版に関する豆知識）、催し「雑誌バックナンバーフェア」の告知があります。1年間のブックフェア予定、注目本、ベストセラー順位、ギャラリー案内、雑誌紹介などを掲載しています。週刊とはいえ、A5判1枚では情報に限りがありました。第2号からB4判になりました。

第6号「営業概要」より。
《弊社は創業以来60余年を、港神戸にふさわしい海事図書の出版と、港神戸のブックセンターとしての書籍小売業を二本の柱として、地方文化の発展をめざして歩んでまいりました。（中略）弊社では、古くから理工学書、人文社会学書を中心とした専門書店として親しまれてまいりましたが、最近は店舗の拡張にともない、総合書店として幅広い品ぞろいを心がけております。（後略）》

年間フェア企画など、個性ある経営で「読者のために開かれた書店」としての発展を心がけること、地域文化に密着した活動、「個性ある書店」を続ける覚悟、を述べています。「郷土誌の目」「郷土の本」では、本屋ルートで手に入らない同人誌や直販本を積極的に紹介しています。

また、社長を先頭に従業員たちのエッセイが掲載されていきます。第23号からは外部の人の寄稿も始まりました。

第12号から小林が「本屋の青たん」というエッセイをシリーズ化しています。この時点で書店員4年目のまだ「青たん」（新米・アホ）の失敗と反省を綴っています。著名な著者を知らずお客さんに教えてもらう、専門知識不足、問い合わせの本が見つけられない……。そのたびに「本屋の基本」について真剣に考えています。回が進むと読書論・出版論、担当の理工学書客注入荷日数調査もしています。

小林が読者に「本のこと」を知ってもらいたい、読者と関係を密にしたいと、幅広く紹介をしていることがわかります。また、本屋の弱点・欠点をあえて申し出て、言い訳をせず、改善・努力を繰り返し表明しています。外部の人たちの寄稿も加えて、この週刊紙を多くの人に読んでもらいたいという熱意があります。

『週刊』は第40号（79［昭和54］年11月5日号）をもって終刊し、月刊という新しい段階に進みます。週刊最終号のあとがきにこうあります。

《今年1月の初めから発行を続けてきました『週刊神戸読書アラカルテ』もこの号、このページが最終となりました。ながい間ごらんいただき有難うございました。間違いや見苦しい点があったことも今となってはお許しください。

こんな一枚ものの週刊紙を出すのにさえ、随分苦しい時がありました。一冊の本のむこうに、その本のオモテとウラに生きている人間がいるということ、そのことが見えてくる時に、僕は充実感を覚えます。素直な一人の人間になれた気がします。

今度は月刊でみなさんにお届けします。ご期待ください》

●『月刊・神戸読書アラカルテ』

79（昭和54）年12月創刊。B5判、ガリ版＋和文タイプ。第1号、10ページ。海文堂書店発行、No.1の記載はありますが、発行人、編集者の名前がありません。

小林の連載「本屋の青たん」で返品作業について書かれています。学芸出版社（京都、建築専門書）が調査した自社の新刊書返品状況レポートを引いています。新刊10点の月別返品部数と返品率を公表、28・3％の本が3カ月の委託期限までに返品されていることがわかります。出版社から見れば、《「現在の配本書店の選択と配本部数のあり方にその大きな原因がある」》。《委託制に乗って成長してきたこの業界が、現在委託制の傷口がうずいてうめいているといったところです》。《本との邂逅という言葉がありますがその通り〝邂逅〟というのが現状の本と読者の出合いの姿です。書店の非力、業界の現状を棚にあげても、僕が読者に言いたいのは「一目ぼれした本には必ず手を出せ」ということです》。

『読書アラカルテ』、書店PR誌としてのスタートです。

外部の寄稿者で目立つのは植村達男（41〔昭和16〕～2010〔平成22〕）です。週刊時代から趣味や日常生活をまじえて本の話を書いてくれています。植村は当時東京在住、中学から大学まで神戸で生活しました。島田と同級生というつながりです。著書に『本のある風景』（勁草出版サービス、78年）、『神戸の本棚』（勁草書房サービスセンター、86年）があります。植村の人脈で後に佐高信（評論家）が寄稿してくれています。

『読書アラカルテ』は22号から機械印刷になっています。それまでは小林がガリ版を切り、手書きし、和文タイプを打っていました。表紙は神戸在住のイラストレーターの倉掛喜八郎です。81（昭和56）年に『えほん 神戸の港と船』（神戸新聞出版センター）を出版しています。

●『月刊・ブルーアンカー Blue Anchor』

82（昭和57）年2月第1号。18ページ。

『読書アラカルテ』から改称。小林が《錨をおろして休む、本の港になればという、願いをこめた》名前です。植村、佐高ほか、顧客2名が寄稿しています。

第2号では角本稔《かどもと》の名があります。当時、神戸観光汽船船長。「セピア色の港とかもめ」、港の男が23年間の移り変わりを綴る連載です。海文堂閉店の日、最後にドラを鳴らし続けてくれていた人、と言えばおわかりでしょうか。

第4号から表紙の絵の描き手が万浪一良《まんなみかずよし》（海文堂書店の船好きのお客さん）に交代しています。

第7号では『歴史と神戸』第7号（神戸史学会、63年）の岸百艸《ひゃくそう》の文章「南京街の半世紀」を転載しています。俳人で映画原作者、戦後は古本屋を開いていた人です。また、詩人・林喜芳《きよし》の連載が始まっています。海文堂出版『神戸港一五〇〇年』（82年）の紹介もあります。

第9号で海文堂書店の客注品入荷状況調査を発表しています。2週間での入荷率は65・

8％、3年前の調査では60％でした。

83（昭和61）年7月、『ブルーアンカー』は第16号で休刊します。小林がこう書いています。《この「ブルーアンカー」もこの号が最終の号となりました。（中略）休刊中も含めて、神戸の一小書店がこのような書店誌を四年以上にわたって刊行し続けることができたことは書き手の皆さんのあたたかいご協力と共に、読み手の皆さんの熱心な激励があったからに他なりません。五〇〇部、四〇〇部、三五〇部と部数はまちまちながらこのミニミニ書店誌を読んでくださった皆さんに心から御礼を申しあげます》

●『CABIN』

86（昭和61）年4月、小林の〝書きモノ〟が復活します。社内連絡用通信、B5判レポート用紙に手書き、ほぼ毎日発行。小林以外の人間も参加、特に前年に入社したばかりの福岡宏泰が積極的です。

この年は創業60年にあたり、記念企画として海外の画家を招待して展覧会を開催しています。その案内もあります。

新聞で海文堂を紹介する記事が目立ち、そのたびに『CABIN』で報告しています。ブックフェアやギャラリー催事、フェアでは園芸店や酒造メーカーとタイアップしての販売や、独自の切り口に注目してくれています。

『CABIN』29号（同年5月10日）に毎日新聞5月7日付朝刊記事が載っています。

《フェアやギャラリーの常設など〝ひと味〟違う本屋を目指すのにはわけがある。神戸市で買い物をする人の流れは、元町から東の三宮に大きく流れており、立地条件が大きく変わってきた。「あの本屋には何かがある、と客が感じてくれるような仕掛けをしないと……」。島田社長の基本的な経営戦略である》

46号（同年6月1日）には毎日新聞5月29日付夕刊記事「文化の香りのする書店」が紹介されています。

さて、『CABIN』創刊の言葉です。

《社内通信としてこの『CABIN』を発行します。海文堂で働く人に少しでも役に立つものにしていきたいと思います。毎日目を通してくださるようお願いします》

ベストセラー、注目本、ブックフェアの紹介、社内人事など連絡事項の他、小林得意の各地専門図書館案内、取次ルートではない雑誌・書籍紹介、出版用語説明などです。

以下、号数は示しませんが、主な掲載内容だけ挙げておきます。

同年11月、三宮のサンパル（81［昭和56］年、神戸市が三宮駅東地区再開発事業で設立した複合施設。コープこうべとジュンク堂書店が主要店舗として入居したが、現在は多くの店舗が入れ替わっている）に「古書のまち」（8

店舗）オープン。書店・古書店地図の変化。元町では古書店減少。12月、元町駅西口に新刊書店進出。小林の自宅から最寄り駅までの３㎞に８軒新刊書店出現。

12月、『コウベ・ポート・ウオッチング・マップ』（神戸港を考える会、２００円）完成。海文堂オリジナル絵はがき８点（日本丸、海王丸、国際信号旗など）販売開始、１枚80円。

12月23日第１７０号をもって一時休刊になります。教科書作業と支店メトロ店応援のためとなっています。海文堂書店は教科書で忙しくなる時期でしたが、メトロ店では家庭の事情で休みがちになった者がおり、退職者も出ました。よって本店からスタッフを応援に出さねばなりませんでした。小林はさらに多忙になりました。

87（昭和62）年２月９日再開。

２月10日第１７２号で「売上税」反対表明。２月末をもってメトロ店閉店を発表。

業界紙『新文化』で『ＣＡＢＩＮ』紹介記事。

２月、２階海事書コーナー催事「神戸開港１２０年記念　Crew's KOBE」。船舶解体部品とマリングッズ販売。

４月８日、第２０１号で休刊。

気持ちのよい接客・応対について、「さりげなく、さわやかで、さっさとした応対」をと、７つの注意事項を書いて終わっています。

●『STAFF MEETING』

88（昭和63）年1月、小林は社内通信を再開します。週刊、B4判、手書き。『CABIN』と同じく、新刊案内、注目本、業務連絡、新聞切り抜き、TONETS（東販総合オンライン・ネットワーク・システム。取次会社トーハンが84［昭和59］年稼働させた書店向け検索発注システム）販売データなど、第1号は7枚。8月、25号で終了。〝在庫減少〟の文字がたびたび登場。

●『BLUE ANCHOR　今週の本棚』

89（平成元）年5月、読者配布用PR紙。週刊、手書き、A4判表裏。91（平成3）年12月、第100号で終了。

棚の継承

以上、小林のPR紙誌は明らかにのちの『海会《かいえ》』（2003［平成15］年創刊の海文堂書店月刊PR紙）、『ほんまに』（2006［平成18］年創刊の海文堂書店PR誌）の原型と言えます。道具が違うとはいえ、ウエブ、ブログも同じです。

社内通信も『金曜ミーティング』となって続けられていました。海文堂書店では毎週金曜日の朝礼を「金曜ミーティング」と言い、そのときに全員に次週の予定を書いた同名の印刷物を配っていました。

巻末の年表のとおり、また以上紹介のとおり、小林は次々に冊子、紙誌を手づくりしています。勤務時間終了後です。時にはちょっと一杯呑んで帰って、10時頃から深夜2時頃までかかることもあったそうです。

小林の担当部門は、最初は「雑誌」でした。単品管理をして、売上記録だけではなく、売れ行き予想をして、仕入れ・追加に役立てました。記録はトーハン神戸支店担当者を通じて本社の雑誌担当者にも提供しました。雑誌を4年、その後2階の理工書（海事書を含む）を5年担当しました。1階に戻り、文学を3年、新書を3年、経営と法律が9年でした。郷土図書は1階に復帰してから退職まで担当しました。

30歳で店長になり、教科書担当を兼任しました。清水部長退職後は季節商品「日記・手帳」も見ることになりました。夏は常備入れ替え版元が多く、年間を通して仕事量は膨大なものであったと想像します。

それでも小林がPR紙誌をつくり続けたのは、先述のように、本を通じて人と人をつなぐという小林の考えからです。

このことは接客についても同じです。

海文堂書店の中央カウンターには本を探しに来るお客さん用に椅子を置いていました。そこに座って小林と話をするのを楽しみにしている人たちがいました。小林は忙しいときでもお相手をしました。猛暑の日のこと、観光で疲れた高齢の方に小林が声をかけて椅子に座ってもらい、持参していた御茶をさしあげたこともあったそうです。その方は感激し、帰宅後、地元の新聞にこの出来事を投稿して、記事を小林に送ってくれました。

また、清水が在職していた頃のことを、私はお客さんから聞いたことがあります。そのお客さんは買った雑誌を紛失してしまい、清水に挨拶ついでにそのことを話しました。清水はその雑誌をお客さんに進呈したそうです。

これまで書いた小林のお客さんのための情報提供、PR紙誌づくり、接客、それに清水の対応に一貫した考え方があると思います。小林はこう言いました。

「目の前にいる人を大事にする。雑談もそうです。そういうことをひっくるめて海文堂は数字を追いかけなかったと思うんです。朝礼で言うんですよ。前年比がいくらとか。みんなそんなこと上の空。全然聞いていません（笑）」

接客を含め、先輩たちの経験・知識をそのまま受け継ぐことは不可能でしょう。それでも、彼らと共に仕事をすることで、仕事に対する姿勢、具体的なやり方・仕方を習うことができます。レジと中央カウンターの人事ローテーション、朝礼の形式、伝票の種類と書き方、定期の書籍・雑誌の管理台帳などは、海文堂書店では長い間変わっていないと私はベテランスタッフから聞いています。

しかし、棚は違います。景気の動向やマスメディアの影響によって本の売れ筋も売上も変化します。動きの鈍い人文社会科学書は棚から減らさざるを得なくなります。担当者によって並ぶ本が大きく変わることもあります。人気のある同じ著者の本ばかり並べてしまうこともあります（そういう本を次々出す出版社にも責任があります）。

私は、棚の継承は難しいと思います。よほどしっかりとした方針を持った担当者がいて、その棚を続けていきたいと思う後継者が必要です。その意味では海文堂書店の看板である海事書と児童書は棚の継承ができていました（このことについては、それぞれの担当者へのインタビューの中で後述します）。

私は小林に棚についての考え方を訊きました。

「本屋というのはそれぞれ地域性、特徴があるからおもしろいんです。では、その特徴をどう出すか。

本屋の棚は、出版社の常備寄託（出版社から本を預かり販売、1年後に精算する契約方法）と新刊委託が6対4とか7対3、ほとんどこうなっていると思うんです。これに色づけをしようと考えて私は自店常備というのをつくったんです。棚に必要と思える本をいつも置いておこうと考えて、その本のスリップをつくって担当者名を書いておく。それから、本来なら人文の本だけど、理工書のお客さんの目にもとまるように置くべきと考え、二重出しで常備しておく。この自店常備を大事にするということで、店の特徴はかなり出てくる。問題は自店常備は買い切りということ。あまり増えると本屋の資金負担が大きくなります。比率として、常備6対新刊3対自店常備1、文庫新書の在庫を考えると自店常備は0.5程度。これでひじょうに特徴ある店づくりができるんじゃないかなあと、当時は思っていたんです」

さて、私はなぜ、小林がつくっていたPR紙誌を在職中に見た記憶がなかったのでしょうか。私が小林の経験・知識をふり返り、受け継ぐ作業を怠ったということだと思います。

第3章　阪神淡路大震災

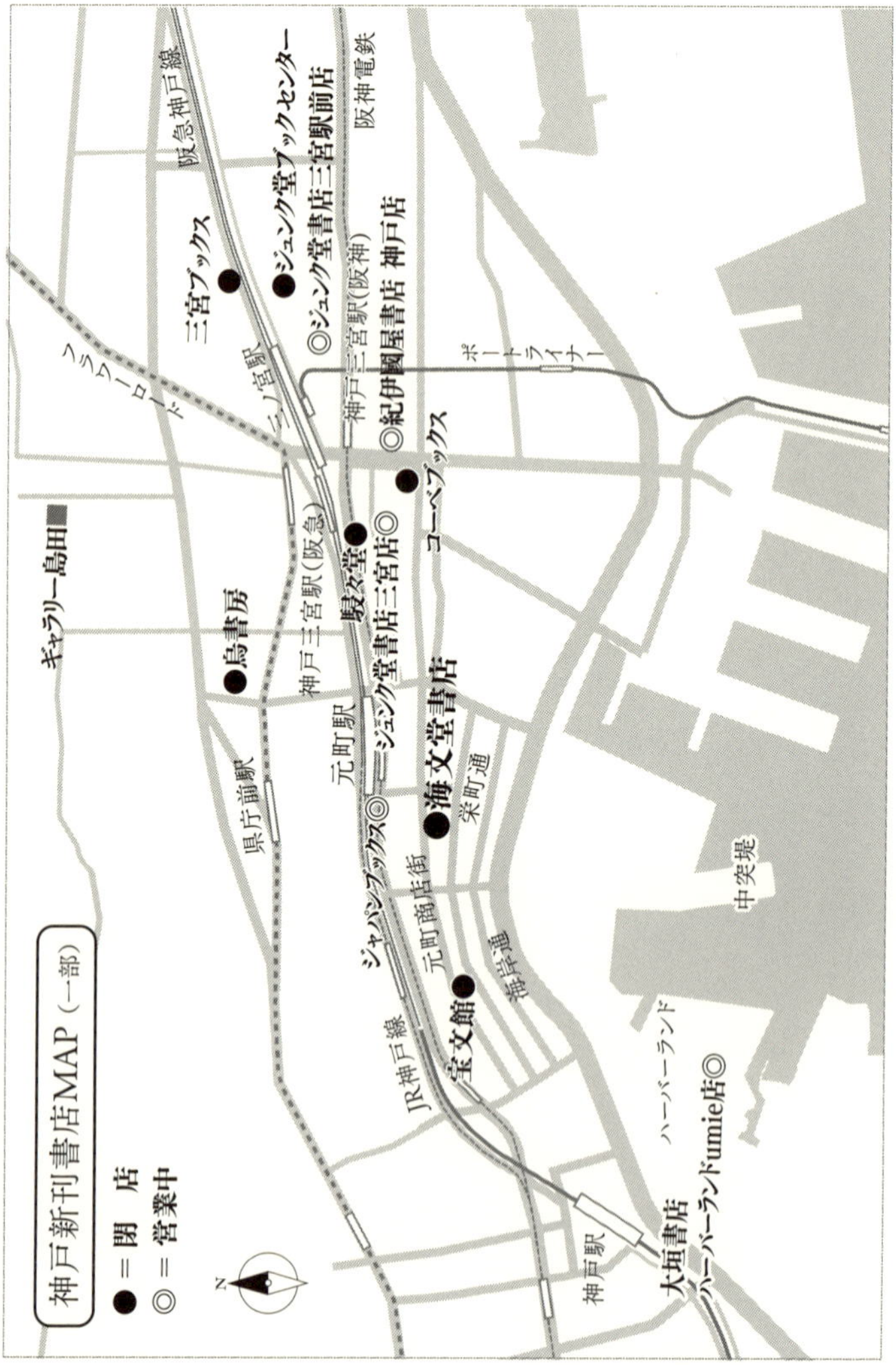

神戸新刊書店MAP（一部）
●＝閉　店
◎＝営業中
N
ギャラリー島田
阪急神戸線
阪神電鉄
●ジュンク堂ブックセンター
●ジュンク堂書店三宮駅前店
三宮ブックス●
◎ジュンク堂書店
神戸三宮駅(阪神)
◎紀伊國屋書店 神戸店
フラワーロード
三ノ宮駅
ポートライナー
●コーベブックス
駸々堂●
ジュンク堂書店三宮店◎
神戸三宮駅(阪急)
●烏書房
●海文堂書店
元町駅
栄町通
県庁前駅
ジャパンブックス◎
元町商店街
中突堤
海岸通
●宝文館
JR神戸線
ハーバーランド
大垣書店
ハーバーランドumie店◎
神戸駅

1月17日

当時の店長・小林良宣が「震災と海文堂書店」という記録を残しています。（註1）

1995（平成7）年1月17日火曜日、小林はバイクで垂水《たるみ》から元町に向かいました。

《「えーっ、行くのー」家族の心配そうな声に送られて、バイクで海文堂書店に向かう。（中略）東の山の向こうに幾筋もの煙が見える。〈店はあるだろうか〉という不安を抱いたまま信号のない道路や歩道を走りに走る。須磨、長田、兵庫は無残な倒壊家屋がいたるところにあり、爆撃を受けたような焼け跡が痛ましい。（中略）店に着いたのは十時ごろだったか。通りは人影がまばらで、店は何事もなかったようにひっそりと建っていた。昨日ここにいたのに、何故か遠い昔のように感じた》

元町商店街の被害は比較的軽微でした。すぐ南側のビジネス街栄町通の立派な建物はほぼ全滅でした。

社長の島田誠は海外出張中で、17日帰国予定でした。

小林の記録を元に、震災からの日々をたどります。

18日(水)　小林、島田と連絡とれる。島田は17日、関西国際空港近くのホテル泊。電車で西宮北口まで来て、徒歩で元町へ。

19日(木) 小林・福岡宏泰が全従業員に安否確認。全員無事、家屋全壊2名。事務所と通路整理。

20日(金) 今後について話し合い。電気・水道・ガス復旧のメドなし。23日から作業開始を決める。小林は一旦西脇の実家に帰る。

21日(土) 島田から小林に「開店準備にかかろう」と急遽連絡あり。小林、西脇から元町に15時着。福岡・早川明ほか全6名とトーハン応援5名で懐中電灯を頼りに棚詰め作業。

22日(日) 従業員半数以上が出社。トーハン・日販が応援に。

23日(月) ほぼ全員出社。棚詰め進む。

24日(火)《待っていた電気がきた。明るくなって、作業が一気に加速する。明日営業再開できる見通しとなった。疲れているが、仕事のできる嬉しさは格別だ。水道も復旧し、トイレが使えるようになった》

25日(水)《ついに営業再開。営業時間は午前十一時―午後五時。新聞社やテレビの取材、出版社のお見舞い訪問もあって超多忙》

この日未明、店から北30メートルのゴミ集積場で火が出た。幸い発見が早く大事には至らず。放火とのこと。

26日(木)　店頭のウィンドウに「頑張ろう神戸　私たちの街だから」墨書と、新聞の「災害関連情報」を掲示。

《被災地の書店では一番早い営業再開だった。当時は「こんな大変な時期に店を開いていいのだろうか」という危惧もあったのだが、開店とともに、本が神戸の人達に元気を与えているという思いに変わっていった》

売上金額は25日86万円、26日135万円、27日167万円と、毎日上昇しました。

小林の顧客である画家が小林に言いました。

《「海文堂が残っててほんまに良かったわ。あなたたちのやってきたことが間違ってなかったから、神様が残してくれたんだね」》

1月26日付の神戸新聞朝刊で次のように報道されました。

《地震関連すぐ完売　海文堂書店　再オープン　神戸・元町

神戸市中央区・元町商店街の海文堂書店は二十五日、通常の営業時間を短縮して阪神大震災後、再オープンした。

店舗が少ない被害で済んだため「被災者の心が本を読むことで少しでも和めば」と、十九日から開店準備を進めていた。開業したのはギャラリーを除く一、二階の書籍売り場のみ。オープンの告知はしていなかったが、開店前には約十人の客が入り口付近に詰め掛けた。

地震特集の週刊誌が飛ぶように売れ、店内の山が約二時間で完売した。市外から救援などで訪れた人は神戸市や兵庫県の地図を、受験前の学生は参考書を買い求める姿が目立った。当分の間、午前十一時から午後五時までを営業時間。小林良宣店長は「交通渋滞で仕入れに時間がかかるが、希望する本の注文があれば努力したい」と話している》

同2月3日付朝刊。

《「被災の街で」　神戸、阪神間の書店　心いやす文庫本や漫画　ルート復旧で活気再び

震災による交通網のマヒから、一時期、配送が止まっていた本の流通が再開、神戸、阪神間などのコンビニエンスストアや書店がにぎわいを取り戻している。市内地図や震災に関するグラビア雑誌がよく売れ、また学校が再開されない小・中学生や、不自由な避難所暮らしの人たちが漫画、文庫本を買う姿が見られた。

店を開けている神戸市中央区元町通の海文堂書店は、商店街を行き交う人が立ち寄り、店内は終日混雑している。小林良宣店長（四四）によると「震災関連の雑誌以外にも、雑誌や漫画のまとめ買いが目立つ」。女性誌を五冊買った兵庫区内のＯＬ（二三）は「自宅が半壊し避難中。テレビで生活情報を得る以外にすることがないので、ファッション雑誌などを買った。とにかく軽い内容のものが読みたくって…」と話した。

また、休校中の子供のためドリルや絵本を探す姿も。灘区の会社員（三三）は、仕事の合間に立ち寄った。「小学二年と幼稚園の子供が暇を持て余しているようなので」とぬり絵などを選んでいた。

救援物資の備蓄基地になっている兵庫県消防学校にも、避難所に物資を運ぶボランティアから「文庫本や漫画が欲しい」という注文が入り、一月二十八日以降、有志が届けた漫画などがトラック便に乗せられた。

大手流通卸、日本出版販売大阪支店によると、兵庫県配送エリアで二百十店舗以上の書店が被害を受けたが、現在はその七割近くが復旧。配送ルートもほぼ復活し、雑誌や漫画などふだんより余分に届けている店舗もあるという》

海文堂雑誌コーナーが写真に使われています。

「私たちの街だから」

1月26日木曜日、再開翌日に「頑張ろう神戸　私たちの街だから」と墨書してウィンドウに貼ったのは、当時社長だった島田誠でした。島田がテレビで見た言葉です。

《そのテレビでは、須磨にあるラジオ関西が、地震で社屋を大破し、辛うじて放送は続けていたものの、危険と判定され仮のスタジオに移る時に、俳優の堀内正美さんがガラスに、この文句を書いたのを紹介していた。

この言葉が自然発生的に合言葉のようになり、さっそく元町商店街でも横断幕になり、いろいろなところで使われた。しかし、私は「私たちの街だから」をとって「頑張ろう神戸」だけが一人歩きしているのを苦々しく感じている。（中略）

私たちの街は、私たちが頑張って今まで以上に素晴らしい街にします、という思いを込めたメッセージが「頑張ろう」だけでは「私たち」という主体が消えてしまうような危惧がある》（島田誠『蝙蝠、赤信号をわたる』［神戸新聞総合出版センター、97年］。以下、本章の島田の発言、ことわりのないものはすべて同書より）

アート・エイド・神戸

2月になって、島田は取引各社に礼状を書きました。支援・見舞いに感謝するとともに、営業再開の喜びと今後の心構えを述べています。

《交通機関の途絶したなか、従業員一同「書店を守れ」と、困難と闘いながらの毎日でございます。未曾有の災厄のなか、それぞれが大きな問題を抱えたなかで仕事に励んでおり、この体験が私たちを強く、大きく鍛えてくれたのではないかと考えています。（中略）人のためになにかしてあげられることはないか。書店という仕事を通じて地域社会に貢献できる道はないか。勿論、今までも努力してきたことですが、今まで以上にその姿勢が問われていることは間違いありません。

第一段階としては、いち早い営業再開により「明るい灯火を掲げる」こと。

第二段階は「学童に文具を贈ろう」という運動に取組んでまいりました。今、この運動は兵庫トーハン会の青年部が引き継いでくれました。

震災から三週間、今は第三段階として、神戸の文化の灯を消すなという「アート・エイド・神戸」という運動の中核として活動する準備を進めています。

幸いにも生き残った商店街として元町が活況を呈しており営業は順調に推移しております。

皆様の物（本の流通）、心両面での暖かいご支援が私たちを励まし、勇気づけ、私たちが元気になることが又、被災された皆さんを励まし、勇気づけられることになります。（中略）

平成7年2月10日　株式会社海文堂書店　代表取締役　島田誠（以下店長他従業員一同）》

震災から1カ月、島田は「アート・エイド・神戸」を立ち上げました。

《生き残った感謝を込めて真剣に自分たちで役に立つことを探していた私のところへ、画家の菅原洸人《すがはらこうじん》先生をはじめとする芸術家が、海文堂書店の無事を聞いて駆けつけてくれ、自分たちでできることがないか、と相談を受けた》

音楽家、文学者からも同様の申し出が島田にありました。

島田が海文堂書店の経営、ボランティアの芸術家支援を通じて築いてきた人とのつながりです。

《考えてみれば商売人は商売人で、芸術家は芸術家で、おのおのその本分で役に立つことがなによりだと感じた》

伊勢田史郎（詩人）と島田を中心に実行委員会を組織し、芸術家に呼びかけ、チャリティーの美術展、音楽会、壁画キャンペーン、震災詩集発行など、文化活動による復興支援と芸術家支援を行いました。

「本屋のおやじのぶんざいで」

3月、島田はこう書いています。

《冬が去り、春が来て、桜が咲いた。

この季節は書店にとっては教科書の季節である。各学校もそれぞれ地震による事情を抱え、生徒さんにも素直に新学期を喜べない悲喜こもごもがある。我が社の従業員も家庭にそれぞれ問題を抱え、不便な通勤に耐え、普段より忙しい業務に耐えている。

私たちが目指す、本好きな感性豊かな読者に支持される専門店色の強い総合書店を目指し、仕事に誇りをもっていることがうれしい》

当時私はJR三ノ宮駅北側高架下の三宮ブックスに勤めていました。店は壊れずに残りました。この地区はまだ再開発されておらず、駅の南側と比べると人通りは少ない場所でした。震災で南側が通行止めになったため、店の前を通る人の量が増えました。人びとは粉塵の舞う瓦礫だらけの街を歩きました。知人を訪ねる人、役所に手続きや相談に通う人、買い出しの人。男女共リュックに帽子、マスクの震災ルックです。多くのお客さんが求めるのは神戸市街地図でした。被害の状況を伝える報道写真集が次々出て売れました。お客さんに写真集を売っていた私はそれらのページをめくることはできませんでした。私は毎日身の回りにある瓦礫を見るだけで精一杯でした。三宮ブックスの村田耕平社長は自店の復旧作業をしながら、書店組合理事として仲間の支援活動に走り回っていました。

3月になると、三宮の中心地区も少しずつ復旧し、再開する店舗も増えてきました。『ぴあ関西版』4月25日号の「復興地応援レポート　100人インタビュー」には、ジュンク堂書店三宮店、海文堂書店、三宮ブックスが登場しています。まだ再開できない本屋がありました。

3月20日、東京で地下鉄サリン事件が起こります。マスメディアは事件を詳細に報道し、それに比例して震災のニュースは減りました。6月、島田はこう書きました。

《私たちが身を削る努力をしている一方で、復興の名の下にゼネコン主導の高層ビルと地下街のコンクリートジャングル構想が着々と進もうとしている。

みんながこれ以上の商業集積はいらないと言っているのに、私が抗議すると、復興委員会のある大学教授は「自由競争の社会だから、競争は当たり前」と言い放った。そんなことはわかっている》

島田は神戸市の文化指針検討委員会で役人とぶつかります。6月発売になった『神戸発阪神大震災以後』（酒井道雄編、岩波新書）のなかで「神戸に文化を」を執筆担当しました。バブル期に市が計画した〝六甲シンフォニーホール〟（六甲山を削り地下型の音楽ホールをつくる計画。のち財政難で計画中止、200億円強の損失を出した）についての市の文化担当者との激しいやりとりを紹介しています。

島田の神戸市批判はこうです。

《私が「六甲シンフォニーホール」にこだわるのは、この〝山を削り、地下に音楽ホールを作る〟という発想自体が、神戸市が一貫して進めてきた先端的な土木技術による開発行政の文化的シンボルであり、しかも、それを推進してゆく手法が「市民の声は聞く、しかし議論はさせない」という都市経営手法を文化に当てはめてみせたものであることによる》（島田誠「神戸に文化を」『神戸発 阪神大震災以後』）

この本で島田が議論の経緯を書き、神戸市の文化行政を批判したことで、島田は神戸市から出入り禁止になりました。私が島田に確かめたところ「委員会だけでなく一切の接触禁止です」と回答がありました。

バブル期の計画で、神戸市は市議会に報告なしに土地を購入し、震災後の財政難で大きな損失を出しました。島田の行政批判は、のちの神戸空港反対運動、神戸市長選対立候補応援につながります。

島田は海文堂ギャラリーに「アート・エイド・神戸」の事務局を置き、美術展会場に提供しましたし、海文堂書店が通信費など経費を負担していました。島田は事務局長、お世話係です。ギャラリーと書店のスタッフが問い合わせ対応、ちらしの配布や郵送を手伝いました。島田が進んでやっていることですが、世間の目は冷たいものです。

《偽善、売名、目立ちすぎと反感の種は尽きない。こうした文化に特定した基金を集めることそのものにも批判があり、本当に明日をも困っている人のために使えと抗議を受けた

りもした》

アート・エイド・神戸は95（平成7）年4月と5月で60名の芸術関係者に合計530万円を支援しています。

《――ストレスのみ内在して発散せず、だ。「たかだか本屋のおやじのぶんざいで、なにを大層なことを言っとるの、そんな暇があったら本の一冊でも売りなはれ」という叱責の声が聞こえてきそうである。その通りやなと私も思う。「本業はだいじょうぶか」と先輩からなんども言われた。大丈夫やおまへん。これも真剣です。今、震災の大きな試練のなか、ようやく私たちが今まで言いつづけてきた本当の市民社会の実現、とりわけ私にとっての「市民が主体的に文化に関わる」という主張が行政に届く可能性が生まれたのだ。空想といわれようと、ロマンティストといわれようと、今、この可能性に賭けてみたいと思う》

7月、子どもたちの夏休みが始まるとすぐ、元町商店街では1日だけの〝夜市〟が開かれます。長い商店街の東から西まで露店が並びます。長年続いている賑やかなイベントですが、食品衛生などの問題もあり、今は業者が運営しています。この頃はまだ商店主と従業員が手づくりで参加していました。島田がこう書いています。

《当店は伝統的に〝焼きとうもろこし〟屋台を開いている。

昔は私と家内の二人でやっていて、友人が助っ人してくれたりしていたが、今はすっかり従業員のお祭りになり、有志が大汗をかいて、とうもろこしを焼き、大声をはりあげて売っている。こだわりのタレとか、焼き具合とか、うるさいものだ（本を売るときもこんなに熱心だったらいいのに）》

大震災から半年。今年は無事開催できるか心配でしたが、大勢の人が集まりました。《おじいちゃん、おばあちゃんの笑顔。子供たちの顔。地域の三世代の交流が、輪になり人々を呼び寄せる》

7月から島田は兵庫県の被災者復興支援会議の委員にもなりました。仮設住宅を回り、被災者の声を直接聞いたとき、役人と間違われて怒鳴られたり詰問されたり苦情を言われました。

《私など素人に何ができるのかと自問しながらの日々だ。しかし、素人であることを恐れずに、率直に被災者と行政の間に立ちたいと思う》

島田には本屋の店頭にいて、「市民が語り出した」という実感がありました。

《まだ、続々と震災関係の本が出版されている。きっちりと記録し、風化させずに自らを問い直したいという欲求が、本を作らせ、読ませている。

かつて、この地から、これだけの本が出版されたことはない。

子どもが、主婦が、消防士が、先生が、医者が、警察官が、商店主が、じつにさまざまな人が自らの体験を活字にし、本として出版した。
そして、それぞれに読み応えがある。
市民が声を上げた、語り出したという実感がある。この現象が単に被災地内部だけのものでなく、市民社会の実現へとつながっていくことを祈っている》
震災から間もなく1年という頃、島田は震災直後の《不思議な透明感と高揚感に満ちた日々》（島田誠「震災の街から　集団臨死体験」トーハン『書店経営』96年2月号）を思い出します。交通機関断絶、ライフライン不通という状況で、人々は皆優しく、いたわりあい、支え合いました。食べ物・水を分け合いました。しかし、日常生活が戻り始めると、支え合い、分け合い、贅沢はいらない……、といった気持ちは風化していきました。
《復興とは経済復興ではなく人間復興であると確信したはずなのに、恐ろしい勢いで経済が人間を蹴散らし始めた。再び前年比売上げが指標となり、観光客がカウントされ、景気の回復が取り沙汰され始めた》
過去が風化するのは仕方がない、留められない、しかし、記憶のなかに留めることはできる、島田はそれが想像力をもった人間の能力であり、義務だ、と思うのです。
『阪神大震災と出版』（日《ひ》沖《おき》桜《か》皮《にわ》編、日本エディタースクール出版部、95年10月）という本があります。被災地の出版関係者（出版社、取次、新刊書店、古書店、運送、図書館）の報告集です。島田が「地域に生きる書店として」を寄稿しています。営業再開への道のりと「アート・エイド・神戸」の活動について書きました。
《再販問題、大型店の出店問題で大揺れに揺れる業界で、商売の拡大努力もせず、地域にしがみついているだけでは生き残ってゆけないぞ、という叱責の声が聞こえてきそうである。「現代版かけこみ寺」などと文化人気取りしとらんと、本の一冊でも売れという声も聞こえる。ご批判は甘んじて受ける。個々の生き方がさまざまなように、これが当店の生き方の選択であるとしか言えない》
96（平成8）年10月、「アート・エイド・神戸」の活動が評価され、海文堂書店は公益社団法人企業メセナ協議会が公募・表彰するメセナ奨励賞を受賞しました。受賞を知らされたときの思いを島田はこう書いています。
《受賞でうれしいのは、何よりも海文堂書店としての貢献が評価されたことだ。事務局として膨大な事務を支えてくれたスタッフ。かなりの時間を、この運動に割かざるをえない私をフォローしてくれた社員諸君に心からの感謝を献げたい。
私の最初の感想は「これで社員諸君に顔向けができる」ということだった。（中略）
海文堂書店がこの賞をいただいたということは、実は画期的な意味があるのだ。ひとつは、恐らく受賞企業の中で資本金、従業員数、収益等、どれをとっても最小である。

ふたつめに、会社の資金をほとんど使わない貢献活動である。

みっつめに、ネットワークの中心であり、無数の市民やアーティストが運動として参加していること。

企業としての私たちが支援活動を財政的に支えていくことはできない。私たちができることは場所の提供、知恵の提供、労力の提供、ネットワーク（人脈）の提供だ。

私たちの活動が画期的であるという意味は「志」さえあれば誰でもできるということにおいてである。勿論、それは毎日の気の遠くなるような積み重ねの上においてはじめて達成できるものであり、一朝一夕のことではない。（後略）》

文化論

島田の社外活動について社内の反応はどうだったのでしょう。

小林に尋ねました。

「僕は望ましいことと思っていました。社内で批判的な人はいなかったと思います。大手術を受けたあとはひかえていましたが、元来の断れない性格とやさしさ、新しいことに挑戦していく好奇心からだんだん元のとおりになりました。よく頑張っているという印象でした。他人にはできないことと感じていました」

　メセナ奨励賞について。

「思いがけない大きな賞でおどろきました。すばらしいことではありますが、ほとんどが社長の活動によるもので、従業員にはちょっとピンとこなかったのではないでしょうか」

　震災後、島田の活動が格段に忙しくなりました。神戸空港問題でも市長選挙でも事務局長に駆り出されました。小林は、「正直、選挙には深入りしないほうがよいと思っていました」。

　島田が退任する直前、ノンフィクション作家・佐野眞一の取材を受けて、こう語っています。

《いま『本』というとき、商品という見方をすれば、雑誌もコミックも全部入っちゃうわけじゃないですか。私にいわせれば、文化に値しないものまで同じ再販制度で守られている。でも、うちはあくまで守っていきたいんですよ、『本』という文化を。(中略)私が経営者としてダメだと思うのは、本をみて売れる、売れないで決めてはいないということなんです。つまり好きな本を売ってしまう(笑)》(註2)

　島田の文化論に抵抗がある人もおられると思います。でも、この考えは海文堂ではずっと受け継がれてきたことです。

私が海文堂書店の前にいた三宮ブックスは新参で、大手の文芸書やベストセラーはまず入荷しませんでした。電話注文しても「品切再版未定」と言われるだけです。海文堂は長年の実績がありますから大概の出版社の本は入ります（もちろん例外はあります、近年ベストセラー出版社になった幻冬舎は無理でした）。この差は大きいのです。

三宮ブックスは雑誌・コミックに力を入れました。この分野は実績を上げれば確実に配本に反映されました。文庫でも大手の新刊はわずかしか入りません。既刊本のロングセラーを平積みにしました。中堅出版社は柔軟に対応してくれました。それから大きな本屋があまり置きたがらない官能小説文庫に力を入れました。スキマを狙ったわけです。

海文堂は大手の書籍を売ることができる強みがあり、売りたいという望みがありました。弱小本屋は望みを持っていても売る力＝仕入れる力がありません。入るもの、売れるものを売ります。この差が島田の言う〝文化〟に私が両手を挙げて賛同できないところです。

ダメージ

震災後の神戸の本屋業界の見通しは暗いものでした。

震災の3日後、95（平成7）年1月20日は、神戸の書店にとって重要な会議がある予定でした。前年12月、京都の大書店「駸々堂《しんしんどう》」が兵庫県書店商業組合に1000坪での三宮出店を通告していました。駸々堂・日販が出席してその説明がされるはずだったのです。大震災で会議は中止になり、三宮地区は特に大きな被害となったこともあり、出店の話はいったん立ち消えになっていました。

4月、駸々堂・日販から再度出店申し出がありました。三宮センター街は徐々に回復し、駸々堂が出店する三宮センタープラザも修復されていました。書店組合として、営業不能の店舗が数多くある状態で1000坪の出店を認めることはできません。しかし、出店を止めることもできはしません。規模の縮小を交渉するのみです。結局、事務所・通路スペースを広くして実面積900坪、9月開店という結論になりました。

地元最大手ジュンク堂書店は三宮店が大打撃を受けていましたが、市場を神戸の外に求め、全国に出店を拡大していきます。同年、大分と鹿児島。96（平成8）年難波、97年（平成9）年池袋と仙台。

三宮では、漢口堂、日東舘書林が撤退し、流泉書房は須磨区に移りました。コーベブックスは再開しましたが、系列の南天荘書店の店舗がすべて営業不能でした。

震災後、海文堂書店の営業成績は前述のように順調に伸びました。同じ被災地でありながら、再開できた・できなかったで〝明暗〟がはっきりと分かれました。コーベブックスもリニューアルして昔の賑いを取り戻しました。しかし、〝震災〟と〝不況〟のダメージは、生き残った神戸の書店に次第に重くのしかかってきます。

島田は震災から2年近く、本屋・ギャラリー経営よりも、被災地復興・文化復興のことに関わってきました。

《友が皮肉に「また、大好きな会議ですか」と言い、スタッフの顔には「いってらっしゃいませ」と言いながら〝またですか〟と書いてある（こんなことを書くとまたスタッフに叱られるぞ）。それも当然。だれかが強制したわけでもない。嫌なら断ればいい。「是非に」と頼まれても、本当は他の人でも、別段、大変な支障があるわけじゃないのだ。自分でお役に立てるのならと考えるのは、まことにお目出度い人というべきなのだ。

でも、今だからこそ言っておかなければならないことがある。今まで楽しい人生を送らせてもらってきたからこそ、伝えておかなければならないことがある》

97（平成9）4月、消費税率が3％から5％に上がりました。当時、私が勤めていた三宮ブックスの売上は、震災前から好調で、再開後も売上を伸ばしていたのですが、消費税率アップを境に落ちていきました。このことはどの書店も同じと想像します。大震災がなくても、神戸の書店はそれぞれ問題を抱えていました。いずれ表面化したであろうことです。震災でそれが一気に早まったのです。

かつて三宮で電車を降りて、地下街や商店街を通って元町、神戸駅まで本屋のはしごができました。一店の規模は小さくても、それぞれが個性を放って共存していました。読書人には楽しい町であったと思います。

大震災から20年経って、三宮・元町の本屋で残っている地元書店は元町駅のジャパンブックスとジュンク堂書店だけになりました。

2002（平成14）年3月、コーベブックス・南天荘グループが廃業しました。三宮ブックスは2003（平成15）年に家主から立ち退きを要求されました。資産を有効に使いたい、大きな資本に貸したい、ということでした。店舗販売をあきらめ外商専門になりました。私（平野）は海文堂で引き取ってもらうことになりました。

95（平成7）年9月に神戸に出店した駸々堂は2000（平成12）年1月に自己破産し、閉店しました。

同年3月、海文堂では小林店長が退職、9月に島田社長が退任しました。

註1　小林良宣「震災と海文堂書店」『ほんまに』第15号（くとうてん、2013年）

註2　佐野眞一『だれが「本」を殺すのか』（プレジデント社、2001年）

第4章　最後の店長

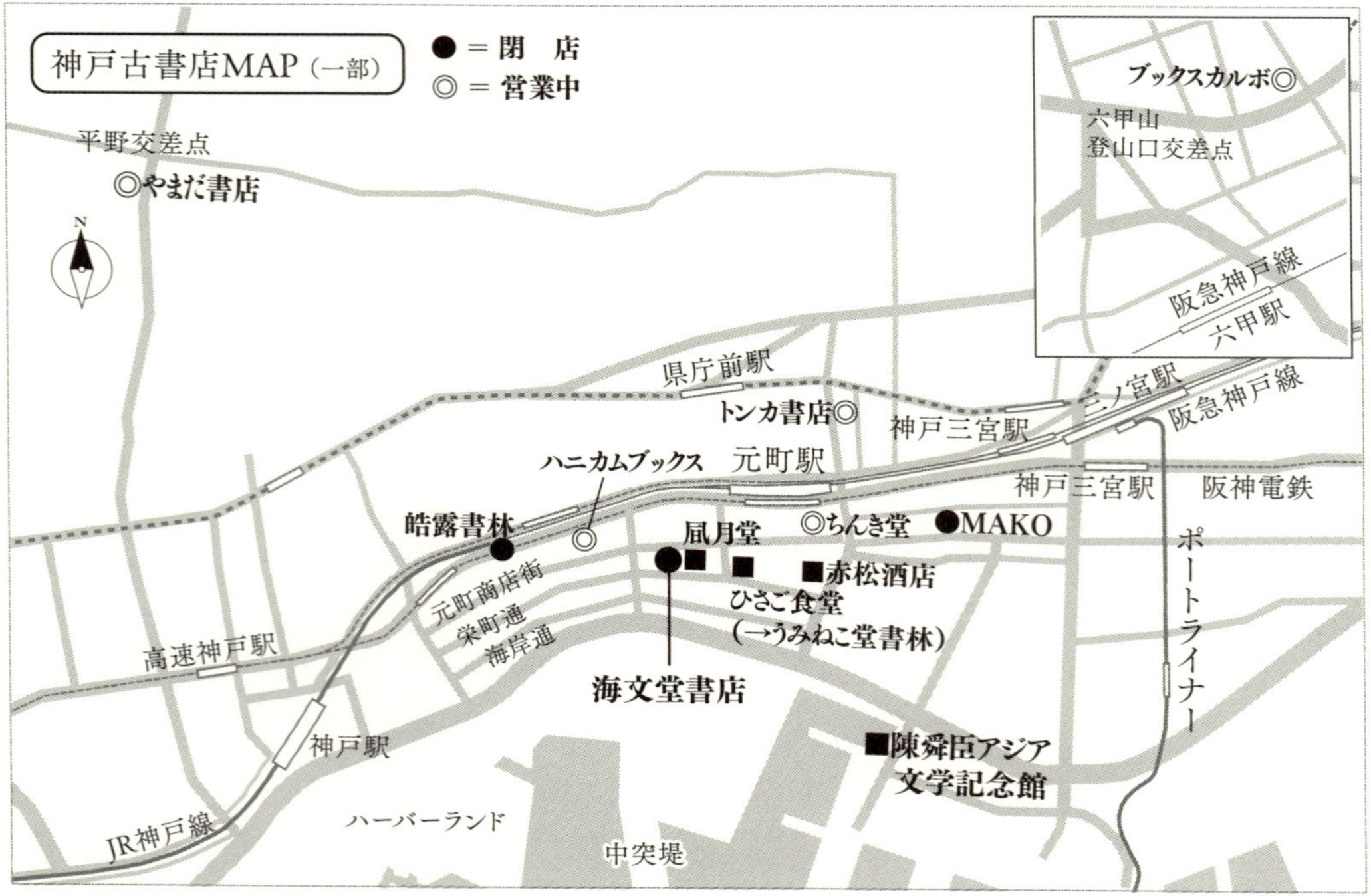
神戸古書店MAP（一部）
●＝閉　店
◎＝営業中
平野交差点
◎やまだ書店
N
県庁前駅
トンカ書店◎
神戸三宮駅
三ノ宮駅
阪急神戸線
元町駅
ハニカムブックス
神戸三宮駅
阪神電鉄
皓露書林
◎ちんき堂
●MAKO
凬月堂
■赤松酒店
ひさご食堂
(→うみねこ堂書林)
元町商店街
栄町通
海岸通
高速神戸駅
海文堂書店
ポートライナー
■陳舜臣アジア
文学記念館
神戸駅
ハーバーランド
中突堤
JR神戸線
ブックスカルボ◎
六甲山
登山口交差点
阪急神戸線
六甲駅

退任

これまで、島田誠の独立については、たとえば次のように書かれてきました。
《海文堂書店の経営を義弟の岡田節夫にゆだね、新天地にギャラリーを転居して独立させたのは島田、五十七歳の日である。五十代に入って深まった心境の変化の答えでもあった。書店というものの運営は決して嫌いではなかった。社会のなかで大事な役割を担っている自負心もあった。ただ、基本的な業務は取次から配本されてきたものをいかに並べるかというものであって、工夫や妙味はあるが受身的ではある。
ギャラリーも絵画の展示・販売という意味では似通った点があるが、石井一男がそうであったように、画家という表現者と出会い、長い時をともにしつつ同伴者として歩んでいくという意味においては異質である。当初は片手間としてはじめた仕事であったが、島田はこの分野によりやりがいを覚える人であった》（後藤正治『奇蹟の画家』講談社、２００９年）
私には書店経営よりギャラリー経営の魅力が大きくなったと受け取れます。しかし、２０１３（平成25）年海文堂書店閉店以降、私は島田と交流して、彼の海文堂書店に対する強い思いを受け取っています。当時、私は別の本屋＝三宮ブックスにいたので、細かい事情を知りません。ただ、神戸の書店で働く者であれば、島田が海文堂書店中興の祖・岡田家の婿だということは知っています。左記のように海文堂書店の社長が婿から義兄へと移ったことは私もわかっていました。巻末の年表と一部重複しますが、海文堂書店の経営者の移り変わりを以下に略記します。


1914(大正3)年　賀集喜一郎「賀集書店」を神戸に開業。

1926(大正15)年　「海文堂」に改称。

1940(昭和15)年　賀集喜一郎死去。岡田一雄、代表社員に就任。

1948(昭和23)年　「株式会社海文堂」発足。岡田一雄、代表取締役就任。

出版部、総務部、小売部設置。

1958(昭和33)年　出版部門が独立し「海文堂出版株式会社」発足。

1967(昭和42)年　株式会社海文堂(現海文堂興産株式会社)の小売部門を分離し、株式会社海文堂書店として設立。岡田一雄代表取締役会長、清水晏禎社長。

1971(昭和46)年　島田誠、岡田一雄の長女・悦子と結婚。

1973(昭和48)年　岡田一雄死去。長男・吉弘、海文堂出版社長に就任。

２０００(平成12)年　島田誠、海文堂書店社長に就任。
２００９(平成21)年　島田誠、海文堂書店社長を退任。
　岡田吉弘、同社社長就任（海文堂出版社長との兼任）。
　岡田一雄長女、島田誠夫人の悦子死去。
２０１１(平成23)年　1月、岡田吉弘、海文堂書店社長を退任。
　弟の節夫（岡田一雄次男）が社長就任。
　2月、吉弘死去。節夫、海文堂出版社長を兼任。

出版業界、そして震災後の海文堂書店周辺の状況も大きく変わっていきました。出版統計を見ますと、書店業界の売上のピークは96（平成8）年です。そこから右肩下がりを続けています。バブル崩壊後、大企業の業績は悪化し、大手金融機関の倒産も相次ぎました。神戸について言えば、大震災後の1、2年、再開できた店の売上は大いに上がりましたが、復興が進むにつれて落ちていきました。消費税率の上昇もありました。震災復興で店を取り巻く環境がどんどん変化しました。当初は本を求める人たちが活発に動いていました。動ける人が本屋に足を運んでくれました。しかし、地域の住民は仮設住宅や復興住宅に移っていきます。ビジネスビルは人の多い街に移転します。海文堂書店の顧客は激減しました。

震災で海文堂の南側のビジネス街栄町通のビルはほぼ全滅しました。栄町通にあった銀行の支店が移転とか統合でなくなりますと、そこから海文堂書店に週1回、月1回通っていた人たちも来なくなります。新しい顧客を獲得するにはとても時間がかかります。

店長の小林良宣が島田退任決定を知ったのは前年（99年）の末でした。

小林が当時のことを語ってくれました。自分の退職について。

「暗黙の諒解という感じです。監督が辞めたら、ヘッドコーチもという感覚でした。僕が辞める必要はなかったかもしれませんが、僕自身はあとの経営者とやる気持ちはなかったのです」

2000（平成12）年9月17日、島田は、退任前の海文堂ギャラリー最後の日に「海文堂ギャラリーとは何だったのか」というシンポジウムを開催し、3人のゲストと語り合いました。3人のゲストが島田の転機として3つ挙げました。

《みなさんが私の転機を、1998年の生死に関わる頭部の手術と、震災を上げられました。どちらも私自身の死生感《ママ》に関わることです。そして、今回の転機による、新しいギャラリー島田とアート・サポート・センター神戸のスタートは、その回答を書くということに他ならないという気がしてきました。どこまで高い志で貫かれるか、それが課題です》（島田誠「蝙蝠日記」2000年10月、ギャラリー島田ウエブサイト）

10月、島田は神戸市中央区山本通（通称ハンター坂）に「ギャラリー島田」を開廊し、そこを拠点に神戸の文化活動を支援する「アート・サポート・センター神戸」の活動を始めました。

不安だらけのなかで

福岡宏泰（58［昭和33］年生まれ）は85（昭和60）年に海文堂書店に入社しました。農協系金融機関の職を捨て、本屋の世界に飛び込んできました。すでに妻子もいました。小林と同じく新聞の求人欄を見ての応募でした。『本の雑誌』を愛読して、面接では小林とその話で盛り上がったそうです。最初の頃は仕事を覚えるのに、あれもこれもと一度に頭に詰め込み、過労で倒れて休むはめになったそうです。経済・法律書、文芸書などを担当しました。バブル華やかな時代には島田のギャラリー・美術書を手伝いました。

「おかげで荷造りがうまくなった」

と冗談を言うほど絵が売れました。

94（平成6）年から副店長になり、小林を支えていました。

福岡への正式な「島田・小林退任通達」は2000（平成12）年になってからでした。島田が直接福岡に伝えました。

島田が全従業員の前で退任の説明をしたとき、ある人が発言しました。

「海文堂の顔であるふたりが店からいなくなったら海文堂丸はどこへ向かうのか、漂流してしまうことになるのでは……」

福岡はじめ全員の思いだったでしょう。

福岡は後任店長に昇格しました。福岡より古参の従業員も多くいます。しかし、難局で「店長」を務めれるのは彼以外にはいなかっただろうと思います。

福岡にとって、小林からのバトンタッチは心細いものだったでしょう。

福岡が島田との別れのことを語っています。

「『腹を括ってやっていきます』と島田さんに伝えていたものの、もとより人を引っ張っていく器ではない私、不安だらけのなかでの店長職の始まりでした。主だった周囲のスタッフはすべて年上、さらに長年勤務してきた従業員の退職が相次ぎ、新たに採用したスタッフも短期間で入れ替わるなどで、体重が一時50キログラム寸前まで落ちたものでした」

福岡が店長に就任したときの上司、すなわち海文堂書店の社長（岡田家長男）は、東京に本社がある海文堂出版の社長でもあり、神戸に来ることは年に数回でした。長男は2011（平成23）年に亡くなり、その直前に弟（岡田家次男）が海文堂書店社長に就任しました。兄が亡くなったのち、弟は海文堂出版の社長も兼ねることになります。

「50で死ぬ」

私は福岡店長の下で10年一緒に働きました。働いて気づいたことは、福岡は「人とのつながり」で仕事をする人なのだということです。福岡はお客さんや出版社営業さんの名前をすぐに覚えます。次にその人に会ったとき、相手の名前が自然に出ます。相手の気持ちを摑んでしまいます。福岡がお客さんにイベントをしてもらったり、お客さんが提案してくれることもありました。また、古本屋さんや営業さんとプライベートでお酒を呑みながら、ブックフェアの相談もしました。小林時代を引き継ぎ、「人とのつながり」を大切にして、海文堂書店の店舗現場に立っていました。

私が海文堂書店に入社した２００３（平成15）年頃、福岡（当時45歳）は「人生50年」と盛んに口にしていました。父上が50歳で亡くなられて、本人も「50で死ぬ」と公言していました。彼なりに〝死〟を意識していました。どこまで真剣だったのかはわかりませんが、「この世のことは冥土の土産」だと言っていました。「生きているうちにやるべきことはやる」という考えで仕事に取り組んでいたのでしょう。その50歳を過ぎて、人生観が変わったのかどうかは知りませんが、「50年説」は収まりました。

しかし、彼は2010(平成22)年5月、〝身辺整理〟と称して、海文堂書店のフェア台で蔵書を100円均一で販売しました。その数3000冊でした。

彼は古本屋経営を志望していました。古物売買の免許を取得して、屋号も「古本一代」と決めていました。その開業をめざして収集していた本を惜しげもなく提供したのでした。もちろん売上金で部下たちに一杯呑ませたことは……、もう私は覚えていません。

3000冊処分しても、まだまだ本はあって、さらに、古本屋さん数店に売りに出しています。家には棚1本残しただけと言っています。

古本を売る

古本好きの福岡は、海文堂書店で古本を売ることを考えます。初の古本イベントは、2005(平成17)年10月、1階で行った「ちんき堂見参」フェアでした。ちんき堂は海文堂書店から徒歩数分の路地にある古本屋です(後述)。福岡が書いたフェアの案内文です。

《新刊書店(以下、新刊屋)がジダンダ踏んで〈無力〉を感じる瞬間……。それは、お客様に「絶版本」や大昔に出た雑誌をご注文いただいた時。新刊屋は、な〜んの役にも立ちません。で、そんな時の頼りは、古本屋さんのみ！
今月一杯、［古本屋＝ちんき堂］と［新刊屋＝海文堂］という元町の二つの本屋がタッグを組んで、お客様に本や雑誌を実際に手に取っていただける〝リアル書店〟の心意気をお見せします。ネット通販に代表される〝バーチャル書店〟にはできないコトをやる31日間。どうぞ、お楽しみください》
２階イベントスペース（旧海文堂ギャラリー）での最初の古本イベントは、２００６（平成18）年７月、画家・装幀家で古本愛好家の林哲夫トークショー（みずのわ出版『文字力１００』刊行記念）でした。古書愛好家・高橋輝次と北村知之（当時はジュンク堂書店勤務、のち海文堂）と共に、神戸・阪神間の古本事情を語り合いました。（註１）
同年11月23日、「海文堂の三箱古本市」を開催しました。プロの古書店、古書愛好家ら、遠くは神奈川県藤沢市から、奈良、京都、大阪、倉敷からも14名が参加しました。
ここでひとつ補足します。島田退任に伴う〝ギャラリー閉鎖〟後、あの場所はずっと倉庫になっていました。福岡は暇を見つけてはひとりでギャラリーを片づけました。90平方メートルの倉庫をイベントスペースとして使いたい、と考えました。
同年５月、第１回のイベントは神戸の出版社・幻堂《まぼろしどう》出版の著者たちによる「創作紙芝居」でした。ギャラリーだった場所は美術・写真個展、トークショー、カルチャースクール、音楽イベント、映画上映会にも使われました。そして古本市の場ともなったのです。広さがちょうどいいイベントスペースでした。難は空調設備がオンボロで、夏季は使えないということでした。

そして、2008（平成20）年4月、初のプロたちによる古本市「海文堂の古本市〜本におぼれる2週間〜」を実施、8店舗が参加してくれました。以下は福岡の案内文です。《不肖・福岡、10年来あたためていた企画を実現することができました。「新刊本屋で古本も買えたら、お客さんに楽しんでもらえるやろなぁ」「おんなじ建物に新刊本屋と古本屋が同居してたらおもろいやろなぁ」……と思い続けてきました。（中略）

ことしのはじめ、南京町のはずれの立ち呑み屋「赤松酒店」で古本屋・やまだ書店の山田恒夫さんと古本者・千鳥足純生さんと3人で呑んでた時、ふたりに〈海文堂の古本市〉を提案しました。酔っ払ってたこともあって、「やろう！」「春にやろ！」と、即決》

店主の皆さん方が交代で店番を務めてくれました。

2009（平成21）年初め、北村知之が入社して、海文堂の〝古本色〟はますます濃くなります。いつのまにか「海文堂古書部」ができていました。

同年6月、古本常設棚に「善行堂棚」（京都・古書善行堂）と「トンカ棚」（トンカ書店）、それに「海文堂古書部棚」（北村）が登場しました。

２０１１（平成23）年6月、北村がトンカ書店（頓花恵）、ハニカムブックス（佐伯京子）と一緒に「女子の古本屋による女子の古本市」を開催しました。２００８（平成20）年に古本ライターで書評家の岡崎武志が出版した『女子の古本屋』がちくま文庫に入るのを記念してのイベントでした。岡崎と古書善行堂店主・山本善行《よしゆき》の対談が実現し、岐阜で開業したばかりの徒然舎（深田由《ゆ》布《う》）が加わりました。北は仙台から南は沖縄まで50店舗が出品してくれました。

会場内は通常の古本市とは違う〝華やかさ〟と言うのでしょうか、〝清涼感〟と言えばいいのでしょうか、いつもの〝オッサン臭さ〟がないのです。私は、いわゆる昔からの古本屋さんを〝野獣系〟と呼んでおりますが、このときは女子ばかりですから、もう本の香りまでが違いました。

男だから、オッサンだから〝野獣〟というわけではありません。２０１２（平成24）年11月に開催した古本市「Secondhand Book Fair on the Second Floor」は京阪神の若手男女古本屋5店舗が集まりました。男もいるのに会場はいつもより若いお客さんが多く、〝さわやか系〟という雰囲気でした。

元町古書波止場

古本イベントは新聞でも取り上げられ、毎回お客さんで賑わいました。古本屋さんも海文堂書店も古本と新刊本は共存できる、常設しよう、と考えました。2010（平成22）年12月、2階に「元町古書波止場」が開業しました。海文堂は学参売り場を縮小（在庫削減）し、そのスペースに古本市常連の4店舗に出店してもらいました。

やまだ書店、一栄堂書店、イマヨシ書店、あさかぜ書店というメンバーです。以下は山田恒夫の挨拶文です。

《～キャプテンより～

そろそろ中年をむかえる二人と初老をむかえる二人。四人のオッサンが古書波止場から航海に出ようとしています。

目の前の古書の海は大荒れに荒れています。

「無謀な事はするなよ」「あの四人で大丈夫？」「コーカイするぞ」いろいろ言ってくれる人がいますが、一向に気にしていません。

救命ボートなどありません。船が沈みかけたら最後まで残る覚悟は出来ています。

果たしてこの四人、無事宝島に着けるでしょうか。着いたら着いたでひと悶着ありそうです。興味ある方は古書波止場まで見送りに来てください》

母体が古書店で新刊本屋を経営するところはあります。大手古本チェーンから古本を仕入れている書店もありますが、新刊本屋の中に古書店が入るということは全国で初めてだったでしょう。

出版業界の人たちからときどき質問されました。新刊と古本を並べて、返品に古本が混じることはないか、と。要するに「不正返品」を心配してくれるのですが、それは起こり得ません。なぜなら、海文堂が古本を仕入れて販売しているのではないからです。「古書波止場」の棚は海文堂書店の新刊棚とは別コーナーでレジも別です。1階の常設棚はそれぞれの店主に管理を任せています。海文堂は古本屋さんからマージンをいただく形ですので、古本の在庫管理はしません。ただ、1階常設棚の古本をお客さまが新刊レジに持ってこられたとき、レジの慌て者（平野）が古本のスリップを確認せず、裏表紙の値段で販売することがあったかもしれません。

古本の人びと

古本市、「古書波止場」と、福岡はプロの古本屋さんたちにつくづくお世話になりました。なかでも、引退された「皓露《こうろ》書林」金井《かない》一義は別格でしょう。

1986（昭和61）年、福岡は顧客・片岡喜彦（現在「古書片岡」店主）と書評同人誌『足跡《そくせき》』を創刊しました。神戸市中央区元町高架通2丁目（JR三ノ宮駅から神戸駅にかけて高架線路の下に商店街が続いている。三宮―元町間は「三宮高架下商店街」、元町―神戸間は「元町高架下商店街」）の皓露書林にも置いてもらいました。通ううちに金井の誠実な人柄と豊かな知識に惹かれていきました。福岡の回想です。

「店内の棚の本にはすべて丁寧にパラフィン紙が掛けられほとんどが初版・帯付きで、のちに私が初版・帯付き本にこだわるようになったのは皓露書林と金井さんの影響によるものでした。金井さんとは一緒に年2回、芥川賞・直木賞の予想をするのも楽しみで、受賞作（もちろん初版、元帯付き）が海文堂にあった時は必ず2冊ずつ買ってくださいました。金井さんは阪神淡路大震災の翌年、96（平成8）年5月に惜しまれながら店を閉じられましたが、その直前に私は生まれてはじめて古本屋さんの番台に座らせていただいたのでした。

2006（平成18）年11月23日の『海文堂の三箱古本市』にご出品をお願いしたところ快諾くださり、〃皓露書林、10年ぶり1日限りの復活〃と銘打って本好きの皆さんに喜んでいただけたことも嬉しかったです。金井さんは翌2007（平成19）年3月30日に亡くなられました。お悔みにご自宅に伺った折り、奥様から『去年の「海文堂の三箱古本市」にどの本を出品するか考えているとき、金井は本当に嬉しそうでした。ひさしぶりのいい顔でした』とお聞きしました」

皓露書林つながりでは探偵小説研究家・野村恒彦（当時公務員）です。金井に『足跡』を紹介された野村が海文堂を訪ねてきました。初代編集長は海文堂スタッフの高田敏子《とし こ》で、ふたりが挨拶しているところに福岡が割り込んだそうです。結婚退職した高田に代わって福岡が編集長になり、野村に原稿を依頼しました。長いつきあいの中で数多くのエピソードがあります。クリスマスイヴの岡山古本巡り、野村が主催する探偵小説愛好会イベント参加など、本を通して男の友情が築き上げられました。

野村は、探偵小説出版の情報提供、イベント協力、PR紙誌寄稿、それに呑み会レギュラーと、海文堂を語るうえで欠かせない人物です。仙台の出版社「荒蝦夷《あらえみし》」と海文堂書店の取引が始まったのも、彼が同社の探偵小説復刻情報を知らせてくれたことによります。

2014（平成26）年4月、野村は念願の古書店を開業しました。場所は福岡が昼食の常連だった「ひさご食堂」跡です。屋号には彼の〝本人生〟の思いが込められています。このことはあとで書くことにします。

海文堂初の古本フェアを開催し、常設棚を設置してくれたのが「ちんき堂」主人・戸川昌士でした。カルチャー雑誌や新聞に連載し、著書も多数あります。福岡が何度もアタックを重ねて口説き落としました。

「ちんき堂さんに初めて行ったときのこと。2階への階段を上がるとなにやらひと昔前のピンサロへつながってしまうような気がして、なぜか店に一歩踏み込むと二度と帰してもらえないような気になったのをよく覚えています」（福岡）

常設棚をきちんと管理してくれ、しっかりとファンを摑んでくれていました。福岡とはカラオケ仲間でもあります。

福岡は、古本好きの書き手では、書物愛好誌『sumus』同人の、岡崎武志、扉《とびら》野《の》良人《よしひと》、南《なん》陀《だ》楼《ろう》綾《あや》繁《しげ》、林哲夫、山本善行といった人たちに世話になってきました。イベントや著者サイン会など数多く出演していただきました。特に林とのつきあいは特別なものです。出会いは93（平成5）年、兵庫県尼崎市の出版社「風来舎」の伊原秀夫に誘われた写真展会場でした。

「林さんが編集されていた『ARE』『sumus』『spin』などの雑誌を通して古本の面白さに

目覚め、新刊だけではなく広く本の世界に導いていただきました」（福岡）
阪神淡路大震災当時、林は神戸市長田区在住でした。住まいを京都に移さざるを得なくなり、引っ越しのときに福岡が姫路から駆けつけ、林の蔵書を引き取ったと聞いています。被災者の弱みにつけ込んで「買い叩いた」とも言われていますが、人助けをしたということにしておきましょう。

作家たち

90年代半ばから福岡は山本文緒に熱中しました。福岡が精神的、肉体的に疲れていた時期に、手に取った本が、山本の『あなたには帰る家がある』（集英社、94年）でした。彼女のファンサイトの常連投稿者でした。同じ常連の沢村有生《ゆみ》（神戸の情報誌編集者）と知り合い、彼女の協力で「山本文緒ブックフェア」（2000［平成12］年4月〜5月）を開催しました。夏には山本本人が来店し、福岡は大感激しました。
「この勢いを駆って、同年11月5日、新刊『プラナリア』（文藝春秋）刊行記念のサイン会が実現しました」（福岡）
『プラナリア』は翌年直木賞を受賞し、沢村は山本の秘書になりました。サイン会に先立ち、福岡は告知記事依頼のために飛び込みで神戸新聞社を訪問。そのときに応対してくれたのが文化生活部（現・文化部）の平松正子記者でした。福岡は彼女の書く記事に常々注目していて、山本文緒の取材をお願いしました。当時平松はケガで片腕が「包帯グルグル」だったそうです。イベントのたびに取材してくれるようになり、呑み会も常連になりました。〝女装衣装〟提供者（後述）でもあります。

福岡は店長という立場上、海文堂書店を訪問してくれる作家に店を代表して挨拶をします。そして、お願いもします。グレゴリ青山は2005（平成17）年に『関西ウォーカー』の連載で海文堂書店を取材し、新刊発行のたびにサイン本を手配してくれました。2010（平成22）年、福岡は彼女にもPR誌の対談に登場してもらいました。

中島さなえ（中島らも長女）は、2010（平成22）年7月、神戸新聞社主催の「中島らも七回忌回顧展」の際に来店しました。福岡はすぐにサイン会開催をお願いし、翌月に実現しました。福岡はPR誌『ほんまに』の取材で、2011（平成23）年3月、宝塚市の中島邸を訪問しています。

福岡は島京子（26［大正15］年神戸市生まれ、『VIKING』同人）との初対面を正確には覚えていません。親しく話すようになったのは、2000（平成12）年10月、島の『神戸暮らし』（編集工房ノア）出版記念会に出席してからでした。2005（平成17）年6月には『木曽秋色《しゅうしょく》』（同）

出版を記念して海文堂書店でサイン会を開催しました。三宮にある文壇バー「MAKO」でたびたび一緒に呑んでいたと私は聞いています。福岡は島が代表を務める「神戸エルマール文学賞基金委員会」（同人雑誌の作家たちを支援する文学賞の主催組織。「エルマール」はスペイン語の「海」）の講演会場でも書籍販売を担当しました。

高田郁《かおる》は、ご両親が海文堂の南側にあった銀行にお勤めで、本人も幼いときから海文堂に来ていたそうです。ただそれだけの理由で、海文堂でトーク会とサイン会を開催し、新刊出版のたびに大量のサイン本を作りに宝塚からおみやげを持って来てくれました。

いちばんよく接したのは福岡ですから、彼が好印象を植え付けたのでしょう。しかし、本性はすぐにバレます。回を重ねるにつれて、彼女の福岡への口調が著作『みをつくし料理帖』シリーズに登場する厳しい〝ご寮《りょん》はん〟調になってきました。名前も呼び捨てになりました。それでも彼女は人がいいので、福岡が『みをつくし料理帖』の主人公・澪《みを》の扮装（似ても似つかぬ変態コスプレ）をして、写真を見せびらかしても許しました。ただ、角川春樹事務所の販売成績表彰の会に福岡が招待されて、懇親会の席上で失礼——酔っ払って何かをした——をしたときは、「謹慎」を言い渡しました。彼はしばらくシュンとしていました。

高田は基本的に「顔出し」をしません。2009（平成21）年7月、海文堂の「トーク＆サイン会」では読者の前に顔を出しました。1階の中央カウンターから2階のイベントスペースまで並んだ読者を笑顔と会話でさばきました。そうそう、2011（平成23）年9月、髙田は海文堂書店の棚卸のバイトに参加しました。

切り絵作家・成田一徹《いってつ》（49［昭和24］～2012［平成24］年）と海文堂書店のつきあいは小林店長時代に始まります。82（昭和57）年、成田が神戸港振興協会に勤めながら『酒場の絵本』を自費出版し、海文堂書店で販売しました。作家活動に専念し、東京に移ってからも、成田は神戸に戻るたびに海文堂に立ち寄り、サイン本を作成してくれました。福岡は成田の著書を切らさないよう、店頭在庫に気を配り、トーハンや出版社の在庫状況をチェックし、注文していました。

成田は新刊出版のたびに海文堂書店でサイン会をしてくれ、2階のイベントスペースで原画展を開催してくれました。海文堂の強力なサポーターでした。

2012（平成24）年10月、成田は出張先で急死しました。海文堂書店はすぐに追悼ブックフェアを行いましたが、たいへん辛いフェアでした。

2013（平成25）年9月、成田の遺作『新・神戸の残り香』（神戸新聞総合出版センター）が出版されることになり、記念の原画展を海文堂書店で開催することができました。海文堂書店最後の展覧会となりました。

隣人と雑誌をつくる

2003（平成15）年、海文堂書店の西隣のビルに「シースペース」という編集プロダクションが移転してきました。企業PR誌や自費出版などを手がけていました。そこのデザイナー・鈴田聡と営業・世良典子から、海文堂に自費出版申し込み窓口の要請がありました。シースペースとしては神戸での海文堂のネームバリューに期待していたと思います。続いて、海文堂書店のPR紙をつくりましょうと、『Cahier 海会《かいえ》』を共同制作することになりました。原稿を海文堂スタッフが書いて、編集はシースペースが担当しました。紙代・印刷代はシースペース負担で、広告集めまでしてくれました。海文堂にとっては至れり尽せりです。もうひとり、シースペースのデザイナー・石阪吾郎も作業に加わりました。

海文堂と一緒に仕事をする・制作することで、企業PRになるとシースペースが考えてくれました。

そして、2006（平成18）年秋、海文堂書店PR誌の提案がありました。『ほんまに』の発行です。原稿は海文堂スタッフとその人脈＋シースペース人脈で書き、集めます。諸経費はすべてシースペース持ちです。この時にシースペースのデザイナー・新出和尊《しんでかずたか》も参加します。できた本は海文堂に卸してもらい独占販売します。海文堂にお金の負担は一切ありません。

同年1月にはシースペースがデザインを担当している雑誌『ビッグイシュー日本版』のバックナンバーフェアを全国で初めて開催しています。同誌は91年にロンドンで誕生した雑誌で、ホームレスの人びとの自立を支援するための事業です。街頭でホームレスの人たちが販売しています。2003（平成15）年9月、ビッグイシュー日本（大阪市北区）が日本版を創刊しました。本屋店頭では一切販売されていなかったところを、同誌を愛読していた福岡が、シースペースを通じてビッグイシュー日本にお願いし、先方も「海文堂書店で販売することで、この雑誌の内容を多くの方に知っていただければ」と快諾してくれました。

2007（平成19）年5月、神戸市中央区在住の仏画家・豊田和子『記憶のなかの神戸』（シースペース制作編集、シーズ・プランニング発売）が海文堂でベストセラーになりました。戦前・戦中の神戸の下町生活と神戸大空襲を描いた画文集です。11月、その原画展を2階イベントスペースで開催し、著者の友人で連日賑わいました。本も大量に販売することができましたが、一時品切状態になって、友人の方から叱られてしまうほど、皆さん熱心でした。

発売元のシーズ・プランニングは東京の出版社です。代表の長谷川一英は神戸出身で、シースペースの良きパートナーです。同社には、出版物（『JAPAN COAST GUARD 海上保安庁写真集』、明石出身の画家・須飼秀和の画集『いつか見た蒼い空』など）だけではなく、海上保安庁のグッズ販売でもお世話になりました。両社でつくり、海文堂書店で売ったもうひとつのベストセラーがあります。『画集 神戸百景』（川西英《ひで》、2008［平成20］年）は46年ぶりに復刊した画集でした。

2010（平成22）年、シースペースの編集部門が独立して「くとうてん」（鈴田社長、世良取締役）を設立しました。海文堂との共同作業は変わることなく、くとうてんの出版物も増え、海文堂も重要な販売拠点の役割を果たすことができました。新会社くとうてんになって、絵はがき・カレンダーなど出版物が多彩になりました。2013（平成25）年5月、神戸市長田区出身の鳥瞰図絵師・青山大介の『港町神戸鳥瞰図』を出版し、海文堂書店でサイン会を催しました。

『海会』と『ほんまに』

海文堂書店のPR紙『海会』は、きっと世界中の誰もが信じないでしょうが、当初福岡が原稿を書き、アルバイト君にも交替で書かせ、まとめていました。他の従業員は毎月のブックフェア紹介記事を書くだけでした。2004（平成16）年5月号から千鳥足純生《ちどりあしすみお》（野村恒彦のペンネーム）がおすすめの本を紹介する「本の生一本」、8月号から海事書担当・後藤正照の「海の本のコーナーより」が始まります。そして、10月号から私が海文堂書店の出来事を書く「本屋の眼」です。福岡は他人を使うことを覚えました。毎月皆に締切を守らせ、校正は自ら隅々まで目を通し、たとえ徹夜しても世良編集長に届けました。世良は大きな愛でじっと待ってくれました。

紙名は福岡と鈴田・世良で決めたのでしょう。フランス語の「カイエ」＝ノート、手帖の意です。筑摩書房の『ヴァレリー全集カイエ篇』や、かつて神戸にあった出版社エディション・カイエ（あがた森魚の詩集を刊行していた）といった名を思い起こさせます。その「カイエ」と「海」を重ねています。

２００６（平成18）年12月、海文堂通信『海会』別冊として、海文堂書店が「編集協力」として参加するＡ５判48ページの雑誌『ほんまに』がシースペースから発行されました。創刊号のテーマは〝神戸と本〟。５００円で販売しました。第８号まで季刊、第９号から年２回刊になりました。

本誌創刊号で特に〝創刊の辞〟はありませんでした。「あとがき」で福岡が書いています。《情報誌じゃない〈神戸の雑誌〉って、案外ないんですよね。この〝ちび雑誌〟が〈神戸の雑誌〉と呼ばれるようになったらうれしいなぁ》

福岡は特集を考え、取材もし、さらに巻末４コママンガ「電車店長」（うみふみお＝石阪吾郎作、（第2号より）にも登場しました。彼の酒の失敗を題材にしたものですが、道化役になってくれました。

年2回刊行になって特集が充実し始めたと思います。「東京堂書店〈三階〉訪問記」（第9号）、「古書善行堂店主 山本善行さんに聞く」（第10号）、「非カリスマ書店員座談会 10年後も本屋でメシが食えるのか」（第11号）、「髙田郁さん特別寄稿『～どんだけ〇〇が好きやねん～』」（第12号）、「中島らもの書棚」（第13号）。第14号の「東日本大震災と本」は増ページとなりました。第11号「10年後～」は出版業界でも大きな話題になりましたが、今思えば、私を含め本屋の人間は若手の不安にもっと真剣に取り組むべきでした。

特集に力を入れることによって、東京でも取り扱ってくれる本屋、古本屋が少しずつ増えました。

しかし、2011（平成23）年春、海文堂書店の経営者から休刊の申し入れがありました。海文堂にとって何の負担もないPR誌です。スタッフも勤務時間外、休日を使って原稿を書いています。今思えば、既に経営者の頭には〝閉店〟があったのでしょうか。11月発行の14号で休刊となりました。

海文堂書店は紙のPR誌だけやっていたわけではありません。2002（平成14）年にウエブサイトを開設しています。頭が堅いようで柔らかいのは創業以来の伝統なのでしょう。

閉店までPOSレジは導入しませんでしたが、トーハンの検索システムは最初期から入れていました。

さて、ウエブはヨソ様と比較すれば遅かったのでしょう。福岡も簡単なものでいいから作ろうとは考えていました。ここでも彼の人つながりが役立ちます。2001（平成13）年秋の「鳥書房」（海文堂書店から徒歩10分、元町北側の鯉川筋にあった新刊本屋）閉店パーティーで出会った池口明美《あけみ》です。海文堂のお客さんでもありました。福岡は彼女がパソコンに詳しいと知ると、その場でお願いしました。福岡の回想です。

「思い切って『海文堂のホームページつくってもらえんやろか？』と池口さんにワタシの得意技＝おねだり攻撃を仕掛けてみたところ、『いいですよ。ホームページはつくったことがないんですけど、なんとかやってみます』というお返事をいただきました。以来、閉店までの11年余り、急なお願いにも迅速な対応で海文堂ホームページの運営・管理をしてくださいました。海文堂は、いわばお客さんにホームページをお任せしていたことになります。そのホームページはいかにもプロがつくったようなこまっしゃくれたものではなく、海文堂という本屋を象徴するような『アナログ的』なたたずまいでワタシ、いつも感謝しておりました」

微々たる謝礼でお願いをしていました。でも、あのウエブはシンプルですが、読めるウエブだったと思います。連載は毎月更新していました。ブログはかなり遅く、2009（平成21）年5月開始です。それなりの存在感を出せていたと思います。お客さんや同業者だけではなく、著者からも礼状や手づくりのPOPを送ってくれるという反応がありました。

この街の人たちと

福岡発案のイベントで、店頭（商店街の路上）に机を並べて、合同サイン会をしたことがあります。それも真夏です。名づけて「真夏のドサクサ・汗だくサイン会」です。作家の皆さんは不満も言わず、福岡の提案を受け入れてくれました。

海文堂書店ほど商店街のアーケードの恩恵を受けたといいますか、利用した店はないでしょう。格安CD販売、たちばな出版手相占い、フェアトレード商品販売、古本均一棚などがレギュラーで、愛媛県上島町特産品販売も年2回の恒例になりました。福岡は現場責任者として、店外のスペースを出版社や他業種の人たちに使ってもらうことで、本の売上減少ぶんを少しでもカバーしようと考えました。

海文堂書店では地元団体が数多くイベントをしてくれましたが、その中でも特に賑やかなのは「下町レトロに首っ丈の会」です。何せ下町の凄腕・カリスマおかんの皆さんが大挙して来店してくださるのですから。会は、阪神淡路大震災後、生まれ育った兵庫・長田の下町の風情・たたずまいが消えてゆくことに心を痛めた女子有志が結成しました。会長・伊藤由紀、隊長・山下香《かおり》。会では、下町遠足ツアーをしながら、地域住民とツアー参加者の交流を行っています。2005（平成17）年、会は『下町レトロ地図』を発行（シースペース制作協力）しました。ネットと、会の本拠地である兵庫区のクレープ屋兼駄菓子屋で販売しましたが、それ以外では海文堂書店が唯一の販売店でした。2011（平成23）年からは、下町の婦人たちの手芸品、工芸品を紹介した『おかんアート』（下町レトロに首っ丈の会編、くとうてん制作協力）を販売しました。

海文堂書店が閉店まで下町レトロの出版物を販売し続けたのは、福岡が地元の小さな出版社や出版物を大切にしたいと考えていたからです。下町レトロも2011（平成23）年、その翌年と「神戸下町おかんアート展」を海文堂書店で開催してくれました。

福岡は地元の出版物、作家を大切にしました。出版社では特に一人出版社「みずのわ出版」です。神戸出身ながらルーツは山口県周防大島という柳原一徳《いっとく》が、97（平成9）年12月神戸市兵庫区で出版社を立ち上げました。これまでの出版点数は約130点、民俗学者・宮本常一の本を中心に、地味ながら骨太の本をつくっています。つくらなければいけない本、残さなければならない本を出版しています。「出版は志」ということを最も身近に考えさせてくれる出版人です。装幀はすべて林哲夫が担当しています。造本、紙質など丁寧な本づくりです。2011（平成23）年秋に本拠地を故郷に移し、先祖の田畑を耕しながら出版を続けています。

福岡は柳原のつくる本を大切に売りたいと思い、柳原は海文堂書店で本を売ってほしいと考えました。みずのわ出版は大手取次会社と取引がなく、東京の地方・小出版流通センターを経由して取次に入りますから、入荷に時間がかかります。みずのわ出版の本を積極的に売りたい海文堂書店は直接納品してもらっていました。常設棚がありました。当初は福岡が仕入れを担当し、私が入社後に引き継ぎました。新刊に合わせて、著者トーク会を年に2〜3回行いました。拙著『本屋の眼』も出版してくれました。

神戸の私立大学・甲南大学教授の中島俊郎（英文学者）は、お年玉を握りしめて象の図鑑を買い求めたとき以来のお客さんです。神戸に生まれ育ち、海文堂書店の顧客歴50年に及び、2007（平成19）年に海文堂書店で開催した翻訳をテーマとしたトークイベント（神戸生まれの仏文学者・鈴木創士との対談）以来の協力者で、古本蔵書を惜しげもなく海文堂に放出してくれるスポンサー的存在でもありました。

その教授に福岡は「とても失礼な行い」をしています。教授は2008（平成20）〜

2009（平成21）年、研究のためオックスフォード大学オール・ソウルズ・カレッジに留学しました（その成果は著書『オックスフォード古書修行』［NTT出版、2011年］に記されています）。帰国した教授に福岡は親愛を込めて「留学の成果披露」を要求したのです。留学とは名ばかり、古本探しとパブ巡りの日々ではないのか、証拠を見せよ、ついては、ギャラリーでトークをせよ、と。留学中も『ほんまに』に寄稿をし続けてくれた恩人教授に向かって言う言葉でありましょうか？　恩知らずにも程があります。

でも、教授、人間の器が違います。「いいですよ～」と、福岡の挑発を受けてくれたのでした。2009（平成21）年5月9日、「大学、古本、ルイス・キャロル」を題材にしたトークイベントが海文堂書店で行われました。

先に述べたことと一部重複しますが、福岡はイベントのたびに新聞社に情報を流していました。なかなか記事になることはありませんが、やはり地元神戸新聞はよく取材をしてくれました。昔は全国紙の支社もよく取り上げてくれましたが、近年はよほどのことがないと記事になりません。神戸新聞では、読書案内コラムで他の書店員とともに平野もレギュラーで担当させてもらいました。北村がそのあとを引き継ぎました。書評も書かせてもらいました。

関西発の情報誌や、全国版の読書雑誌でもよく取り上げてもらいました。福岡の流暢なおしゃべりが掲載されました。
日本書店商業協同組合連合会の機関紙『全国書店新聞』では、私が丸6年間コラム「うみふみ書店日記」を担当しました。組合新聞ですからお知らせ情報が多いのですが、読み物としてそれなりに書店員の皆さんが読んでくださったようです。海文堂のブックフェア・イベントの取り組みなどを知っていただけたと思います。また、みずのわ出版のウエブサイトでも「本屋漂流記」を不定期で連載しました。その他、いろいろな雑誌や本に書かせてもらうことができました。

註1　トークの内容に古本屋名簿・分布地図などの資料を加えて、同年11月に『神戸の古本力』をみずのわ出版より出版。

第5章　仲間たち

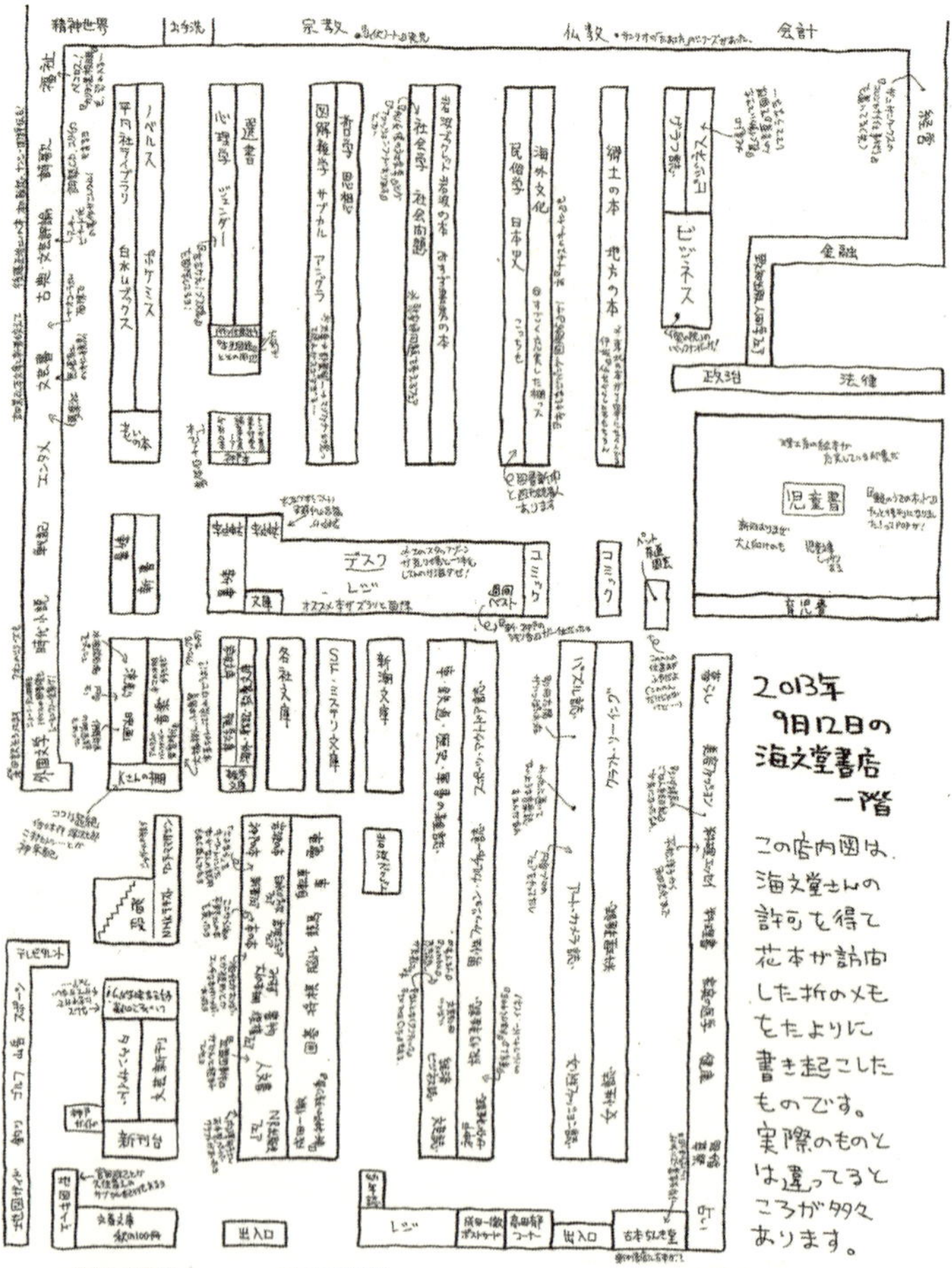

閉店直前の海文堂書店１階フロアマップ（花本武氏提供）

島田誠社長・小林良宣店長退職と同時に海文堂を去った人はいませんが、少しずつ〝同志〟は抜けていきました。2003（平成15）年3月に私が入社した後も数カ月で4名が退社しました。2013（平成25）年の閉店時点で島田・小林時代を知るスタッフは13名のうち6名になっていました。辞めた人数分が補充されるわけではありません。従業員数は減っていました。

海文堂書店スタッフの特徴は、何といっても平均年齢の高さでしょう。閉店時、30代が2名で、あとはそれ以上です。60歳以上が3名いました。年配のお客さんにとっては安心できる店だったのではないでしょうか。逆に新しい商材はチンプンカンプンというスタッフでした。

海事書と後藤正照

後藤正照は2003（平成15）年に入社しました。海事書担当者が退職して、後任がなかなか決まらなかったところ、熊木泰子が元同僚の彼を福岡宏泰に推薦しました。

後藤はコーベブックスのベテランでしたが、2002（平成14）年の閉店後は別の仕事をしていました。温和な人柄ですぐに海文堂書店に馴染みました。みんなから親しみを込めて「ゴットさん」と呼ばれていました。理工書の経験はありますが、海事書は初めて見る本ばかりでした。2階で長く海事書担当者の補佐をしてきた笹井恭《きょう》（学参・資格書担当）が教師役でした。また、外商の早川明も海事書担当経験があり、海事書顧客をずっと訪問していましたので、後藤の相談役となりました。1階の文庫担当者は2階レジの助っ人に入ることが多く、後藤はこの人にあれやこれやと雑用を手伝ってもらいました。

海事書は海文堂書店の〝顔〟であり〝柱〟でした。主力出版社は成山堂書店と海文堂出版の2社です。また直取引の海事関係団体の専門出版物が多かったのですが、後藤はさらに直取引を広げました。海事専門書店だからこそ仕入れることができ、店頭に置くべき出版物や商材を扱いました。

前述のとおり、海文堂の出版・販売は、海洋国家日本および神戸港の発展とそれらに伴う造船業、海運業の隆盛と同じ成長曲線を描いてきました。しかし、阪神淡路大震災以降、港町神戸の国際競争力は低下し、コンテナ扱い量は減り、重工業は衰退しました。造船業は中国・韓国が台頭して新規受注が激減します。2012（平成24）年には三菱重工業神戸造船所が商船建造から撤退しました。従来の海事書（造船、操船、海運、貿易など）の売上も落ちていました。ネット通販の影響もあります。海文堂書店の経営者が朝礼で、海文堂出版の書店別売上シェアはアマゾンがダントツの1位であると話していました。

専門書の売上減少を補うため、後藤は海洋雑誌のバックナンバーを揃え、クルーズ客船関係書、海運史、戦史、船・海に関する歴史的・民俗学的研究などの本を充実させました。

そして後藤は、船舶会社や全国の海洋博物館のグッズ、個人制作の絵ハガキなどを仕入れました。海洋ファンであるデザイナーのグッズ、遠洋漁業の広報誌もありました。年末のカレンダーもヨソ様にはないものが揃いました。これらを「港町グッズ」と称して、雑誌・ガイドブックで紹介していただきました。後藤が管理していた直取引は50社を超えていました。毎月すべての在庫調査をして、支払いと発注をしていました。

海事書について、前任者が詳しいマニュアルを書き残してくれていて、後藤はこれにも助けられました。

この本を書くにあたり、何人かにあらためてインタビューしています。後藤はこんな話をしてくれました。

――私は2階の海事書について知らないことがたくさんあります。2階のお客さんはどんな人たちだったのでしょうか。

「お客さんは海、船に関わる人すべて。船員さん、船乗りさん、船乗りになろうとしてる人、港で働いてる人。たとえば『ロープの結び方の本をくれ』とか来はるわけ。ロープの結び方いうても、プロがやるような、海で働いてる人が使うようなやつから、素人がやるやつまで。あと、船の好きな人。それも商船とか戦艦とかいろんな種類の。商船が好きな人は軍艦は嫌いで、軍艦が好きな人は商船は好きくない。ヨットに乗ってる人とかも来る。
船具屋さんも来てました。船に物を入れる仕事をしている人。船が港に着いたときに、それに積み込むためのもの、船で使うありとあらゆるものを揃えて準備しておくんですけど、その中に本もあるわけです。それは娯楽の本もあれば、船に積んでおかなければならない本もあるわけです。そういうのを集めて船に積むんですけども、そのお手伝いもしてました。本に関して船具屋さんから注文が来て、それを納期に間に合わせるような形で注文するんです」

——お客さんは男性ばかりですか。

「船員さんになりたい人の中にも女の人が増えてきてましたね。日本丸とか海王丸って学校の帆船（独立行政法人航海訓練所が保有し、独立行政法人海技教育機構海技大学校などの学生の実習訓練に使用）があります。あれに乗る人、女性がけっこう増えてきてたんですね。航海士とか機関士を志す人もいはる。ピンバッチとかハンカチとか船のグッズを置き出すようになってから、店のお客さんの層は女性がすっごい増えましたね。船好きな女の人、けっこういはるみたいですよ。海上保安庁の巡視船を追っかける女子、『巡子さん』がよぉグッズ買いに来てくれはりましたね。

お客さんは本の流通事情には関係なく、船に関する本が欲しいわけです。われわれが持ってる情報網よりも遥かに詳しいものを持ってはるから、その本がいつ頃出るとか、よぉ知ってはるんです。『まだ入ってないの？』とかって聞かれるわけです。なんせお客さんのほうが詳しいですからね。たとえば海事書を書いて教えてる先生がけっこう来はるんですよ。それ教えてもらって、仕入れたりしてましたね。船の好きな人が教えてくれた本は、書店員がおすすめしなくても売れるんですよ。というか、私あんまりできへんから、そういうこと。お客さんから言われたこと、受けた提案は可能な限りやっていこかなと考えてました。本を入れたり、グッズを仕入れたりとか。

10年前に2階に来て、なんせ船、海事書の問い合わせがすごかった。お客さんが全国から、それこそ沖縄から北海道まで問い合わせしてきてくれはるんです。注文も問い合わせもある。『こんな本ないか』とか。海文堂出版の本でも海文堂書店に注文が来るんです」

――海事書は海文堂書店創業以来の大きな柱ですが、売上は安定していましたか。

「船員さんになろうという人は受験参考書を買いに来る。海文堂出版のライバル会社に成山堂書店というのがあるんですけども、受験参考書はその2社でだいたいいけるので、そこへれはよぉ売れてました。外商が海技大学校（芦屋市西蔵町）とかに入ってましたので、そこへ本を。ただ、本の売上はけっしてウハウハではなかったんです。船員さんになろうという人はごくわずかですから。

海運業界の低迷と神戸港の低迷と、そら大いに連動してたと思います。特に海運業界がよくないから、やっぱり厳しいですよ。船乗りさんだってなり手が減ってるわけで。日本人を雇うよりアジアのほかの国の人を雇うほうが安くて済むし。すっごい大きいタンカーでも10人とかそんなんで動かせるわけだから。船乗りさんが要らない。特に高い給料を取る日本人の船乗りさんは要らないわけで」

――コーベブックスでは長く理工書担当でした。

「お客さんの持ってる情報量がお店のもんより上。理工書も海事書もそれが普通です。僕は理系の大学を出たわけじゃないので全然知識はなくて、全部お客さんに教えてもらったというか。実際に教えてもらうわけじゃないけど、お客さんが買いはる本を見て覚えていった。最初の本屋で言われたことは、あまり難しいこと考えんと、建築屋さんが買う本、電気屋さんが買う本、機械関係の人が買う本を考えて、棚を作ったほうがいいということ。『あんまり分類にこだわらんと、お客さんから教えてもらえ』と言われてたから。

海事書もそうですけど、マニアックな人のほうが詳しいですから。グッズにしろ本にしろ。お客さんが『こんな本ないですか』『あれについてないですか』『こんなグッズ置いてないですか』と聞いてきはる。海事書はそれを99年に亘ってしてきてるから、すごい蓄積があるんですよ。よその本屋には絶対売ってない本も仕入れることができる蓄積があるから。それを作ってきた人はすごいなと思いますわね。ひとりじゃなくて、90年かけて作ってきはったんでしょうけども。他の本屋には1冊も行ってないようなやつでも、海文堂では仕入れさせてくれる。その代わり掛け率は高いと思いますけどね。でも高くても船関係の人には必要な本とかあるわけで」

――お客さんも含めて99年の蓄積ですね。

「僕も99年はすごいと思います。普通なかなか積み重ねていくのは大変ですよね。特に本屋って担当が替われば、棚のイメージも変わる。それがいい部分もあるんでしょうし、担当者の個性も出て来るわけでしょうけど、99年の蓄積ができていたということは、海事書はちょっと特殊だったんでしょうね。海事書の分野を知らない人でも船の本、海の本のことなら海文堂に聞けば何とかなるだろうと思ってはるし。お客さんは海文堂書店なら海の本、船の本は何でもあると思ってはるから。99年の歴史はやっぱりすごいんだなと私は思いましたね」

――分厚いケース入りの高い本を何点も平積みしてあったと記憶してますが。

「たとえば、法令で船に搭載しないといけない本があるんです。船での医療の仕方とか書いてある『日本船舶医療便覧』（国土交通省監修、日本海員掖済会）とか。それってどこの本屋でも置いてないし、必要とする人が出版社と直接取引するような本を置いてて、さっき言うた船具屋さんなんかが注文してきはるわけ、船に積み込みたいから。それが年10冊とかね。あまりにも特殊過ぎて、出版社からすれば『お宅で売ってもらわなくても、直接お客さんに売るから』という感覚でしょうね。なので、直は利益率が低かったんです。書店より作ってるほうが強いから」

――グッズをいろいろ開拓していました。グッズも直仕入れですが。

「ほんとはグッズの世界は買い取りが原則なんですけど。海文堂書店だから返せるんです。頼みに頼み込んで、委託で。向こうは委託なんてなんのこっちゃわからへんのですよ。最初はダメやというてたところも、だんだん徐々にしてくれるようになって。でもほとんど返品してないです。最後全部売り切ったし」

――2階は船好きの人が集まる場所だったと思います。

「待ち合わせとか、たまたま偶然会って話してる人とか、ぜんぜん関係ないのに話し出してる人とか。もちろん全部船絡みでね。船好きな男と女が2階で知り合って結婚してましたけどね。それは詳しくよぉ言わんけど(笑)。売り場で出会ったんですね。それとは別に神戸大学の航海科の女の人が卒業して、東京行って、デザインの勉強をして、その人が船の関係のデザインをして、ポストカードとかそういうのを作って、東京でやってはったんですけど、もちろん海文堂を知ってはったから、学生時代うちでいっぱい本を買ってくれはったらしくて、うちでも置いてほしいと言って取引始まったようなこともあるんです。またそれがよぉ売れて。いろいろつながっていくんですけどね。それがけっこう売れ始めてるときに終わってしまった」

外商、教科書販売と早川明

前項で名前の出た3名（早川、笹井、後藤）は教科書作業でも中心的役割を果たしていました。彼らの連携といいますか、信頼関係はなかなか強いものがありました。これにバイト君・黒木達也が加わります。

海文堂書店の教科書受け持ち校は、神戸村野工業高等学校、神戸市立須磨翔風高等学校、兵庫県立神戸高等学校、兵庫県立神戸甲北高等学校、神戸中華同文学校の5校です。

教科書シーズンは車庫と作業場にパッキングケースが山積みになります。それを一つ一つ仕分けをするのが早川はじめ彼らの仕事でもあります。教科書搬入・販売はすべて早川が責任者として仕切りますが、店売担当者も動員されます。店は最少人数で営業していました。少ない人数のところに、複数の学校の作業が重なることがあります。村野、翔風、神戸の3校は生徒数が多く、扱う教科書・副教材も大量です。搬入作業はほぼ一日仕事ですし、販売は昼過ぎまで、学校によっては夕方までかかります。皆の休みを変更し、バイト君をやりくりしてしのがなければなりません。生徒さんたちの大切な教科書ですから、科目やセット組を間違えては一大事です。肉体も神経も使います。

しんどい作業ですが、休憩時間と終了後の息抜きが楽しみでもあります。お菓子や飲み物を持ち寄っての団欒のひと時は、普段店ではできないことでした。

笹井は外商担当者にとっても重要な戦力でした。注文書の整理、注文品手配、棚からの抜き出しなどの仕事は彼女に頼らなければなりません。

外商は、早川が教科書と会社・役所関係を、もうひとりが公立図書館、学校図書館を担当していました。店売は不振が続いていて、私が入社した2003（平成15）年頃の売上構成は、店売7対外商3でしたが、閉店前には5対5になっていました。では、店売を縮小し外商の売上で海文堂書店を残すことはできなかったか。しかし、外商は値引きがある世界です。商売として外商だけでは成り立たないのです。

以下は早川へのインタビューから。

――外商のお客さんというとどういうところでしょうか。

「学校と、市役所とか県庁とか国土交通省神戸運輸監理部、それからその他の団体いっぱいありましたよね。人と防災未来センター（神戸市中央区。阪神淡路大震災を機に2002年に開設された兵庫県の防災研究機関）とかね。いろんな企業も、もちろん行ってましたけどね。いちばん遠いところは、私が行ってたんでは芦屋の海技大学校かな」

――取引先の増減はありましたか。

「私が始めた外商ではないからね。ずうっと引き継いできて、やめるということは。取引金額が減ってやめるというのは、売上が少ないという理由だけで『もうやめさせてもらいます』というわけにはいかないというか。少なくとも、長いこと取引していただいてる場合は、もう雑誌1冊でも届けな仕方がない。

支払い、ほんとはすぐにその月のうちに入れていただいたら助かるんやけども、企業は基本的に翌々月払い。3カ月遅れぐらいというのはけっこうありましたね。その間、うちお金を負担してるからね。そういう意味では厳しいもんがあったな」

――学校の先生がよく店頭に来てらして、友だちみたいに話をしていましたが。

「私、ダメなんですよ。外商をしてる人間がこんなことを言うたらあれなんだけど、ほんとはもっと丁寧にお客さんに対してはお話しせなあかんのやろと思うんですけど、そういうのが全然できない。つい友だちと話をしてるみたいな感じになっちゃうんですよ。

先生方が買われてたんは、自分の好みの本ですね。仕事で来られるときもあったんですけども、それ以外ではほとんど自分の趣味ですね。

で、どの先生に聞いても『海文堂は見やすい』と。混雑してない、売れてないということかもしれないけど（笑）、すごく見やすいし、特に平野さんの棚なんかでもすごくうまく分類してあると。もうそれはいつも褒められてました。『あの棚を見るんが楽しみ』というのは、ほんと、それはずっと言われましたね。平野さんとか後藤さんとか文芸の熊木さんにしても、いっつもすごくいい棚をつくってくれてたんで、私のような人間が外商に行っても、すごくそれに助けられたといいますか。初めて行った学校で、たまたまお話ししても、『え、あの海文堂ですか』ってよく言われましたわ。ありがたいことですわ。海文堂という名前を出せば、とにかく話はしてくれるというのはありましたもんね。ほんといい店をつくってくれたんで、私ら助かりましたよね」

――その話は在職時に聞いていれば。教科書含めて、学校はこまめに回っていました。

「高校の図書館、私がやってた間だけでも、最初は予算が150万円とか200万円ぐらいあったんですよ。でも、海文堂がやめるときには30万円とか、40万円とかに減ってました。

高校、10校ぐらいは定期的に行ってたんかな。いい仕事というわけじゃないですけど、ちゃんとしたメンテナンスというんですかね。学校の公立の学校の先生っていうのは異動で替わるじゃないですか。で、ほかの学校に行かれたときにフォローをしてあげれば、そこでもお話をしてくださるというのがけっこうありましたね」

——教科書販売は店頭のスタッフも総動員でした。

「結局私ね、ずうっと教科書の仕事をしてたんで、自分のせがれの入学式とか1回も行けなんだ」

——教科書のセット、間違って買う生徒さんも多かったと思いますが。

「昔はセットも簡単でよかったんですよ。普通科なら普通科のセットで。だけど、今は理系とか文系とか細かい。すごく分かれてるんですよ。それを子どもたちは選ばなあかんねんけども、たとえば自分は理系の化学コースにおるねんけども、よくわかってないんですよね(笑)。子どもたちはどうしても友だちというか、まわりの連中に流されるんですよ。まわりに文系の子ばっかりおったら、自分はほんとは理系なんやけど文系の子が買うのと同じの買う。親御さんとか先生には『なんでちゃんとしたもんを売らなかったんや』と言われるんやけども、子どもたちが『これがいる』言うたら、売らないと仕方がないし。

1回で済めば、そらもう楽な商売ですわ。パーッと何百万円とかが入ってくるんだから。だけどわれわれ末端の人間は、子どもたちと先生方に対するフォローを最後までしてあげないといけないから」

——商売としては楽でも、現場は重労働です。

「教科書はもともと品質がいいですからね。かなり重たい。高校なんかやったら、数もかなり多いです。いつも、うち2トン車を頼んでました。上げ下ろしがしんどかったね。しかも2階。学校の1階って天井高いから、2階に上るのきついんです。

9号（幅51×奥行38×高さ15センチメートル）1箱で30キログラムはあるんやろな。いつもコルセットして、やってましたよ」

——外商というと推奨販売がたいへんやと思いますが。

「外商用に版元からパンフレットがいっぱい来るんです。で、私が『ここの学校やったらもしかしたら買ってくれるかな』と思ったものは、いつもお持ちして先生に見ていただきましたね。『この先生やったらこういうの好きかな』とかいうのはずうっとつきあってるとある程度わかる。フィフティフィフティぐらいで買ってくれたかな。買ってもらうのも結局は付き合いですよね。だから、無理に高いもんを買わそうというのは私、全然なかったんで、『これぐらいやったら学校で買えるかな』というぐらいのものをいつも持っていきましたね。そらどんなにいい本で出版社が鳴り物入りで宣伝してても、こんな高いもん絶対学校で買えないというのはいっぱいあるから。はじめから買えもしないようなもんを持っていったって仕方がないから。その辺は版元さんはもうひとつわかってなくて、どっかの地域でよく売れたから、これは必ず売れるやろと言うてきはるんやけど、それこそ私ら向こうの懐もわかってるし、そんなもんそうそう買えるかと思うものはいっぱいありましたね。

　版元の営業、よう同行させてくれって来たんやけど、そういうのは全部拒否した。ご紹介はしてたんやけど、一緒に行くと、図書館さんとか『なんかやっぱり買うてあげなあかんやろ』とこっちの顔を立ててはるんですよ。それで迷惑かけるじゃないですか。それがすごく嫌やったんですよ。私もはじめからすぐにわかったわけじゃない。何年もやってて、いろんな先生とおつきあいして、校風とかも少しずつ覚えていってやっと話ができるようになったんやから。本屋とお客さんとの関係って、リストのようなもの見て、『これです、あれです』というもんじゃないですよ。ずうっと普段つきあってて話をしてて、そのうえで『あ、そういえば先生、こんな本が出てますよ』って感じで、話をするもんちゃうかなと思うんですよ」

――もともとは店売を担当していて、希望して外商に異動したとか。

「よく皆さん、本屋の仕事は『いろんな本を薦めたりできるやろ』というふうにおっしゃるんやけども、外商の人間というのは、お客さんが言われたものを届けるしかないんですよ。同じような内容の本が2つあって、私としてはこっちのほうがいい本だろうと思ってもそれは絶対にダメなんですよ。そういう意味では、すごくつまらん。海文堂書店で仕事を始める前に、高校時代の友だちと会って話したときに、本屋の話とかしたんですよ。向こうも営業マンだったんだけど、『本屋の営業というのは結局待ちの営業じゃないか。それはつまらんなあ』というのをつくづく言われたことがありましてね。それがすごく頭に残ってましてね、外商という仕事になれば、もしかしたら新しく開拓っていうかね、新しい出会いがね、できるんじゃないかと。待ちじゃない、攻めの営業っていうんですかね。それがありましてね、渡りに船で、やらしてくださいということになったんですわ。で、やり出して、それなりに性に合うというか、いろんな先生方といろんな話をして、なんとなく続けてきましたけどね。友だちと話ししたときは攻めの営業をせなあかんのやろという気持ちはあったんだろうけど、結局攻めの営業なんて全然せえへんで、世間話をして終わってました（笑）」

レジと石川典子

海文堂書店は女性陣の存在なしでは動きません。日々の基本作業（整理整頓、掃除、備品手配）、接客（客注手配、顧客管理、苦情処理）など地味ながら商売を支える基本作業は彼女たちに頼っていました。

石川典子はレジ専任で、文句なしの看板娘でした。スポーツウーマンで、明るく気さくな人柄でファンも多く、顧客の皆さんが買い物はなくても来店されました。しょっちゅう差し入れがあり、私もご相伴にあずかりました。

以下は石川へのインタビューです。

——本屋勤めも接客の仕事も初めてだったと思いますが、レジにじっと立っているのは苦痛だったのでは？

「お客さんといちばん接することができたんで。特権いうたら変ですけど。他の人にはない仕事をできたんじゃないかなと。接客は、うん、楽しかったですね。1週間に何回も来てくれるお客さんもいて。本はそうそう買わへんけど、いろいろ冷やかしに来たりとか、お菓子の差し入れもらったりとか。おじいちゃんばっかりやったけど（笑）。平野さんを訪ねて来られるお客さんがいて、平野さんいなかったときに『どんな方やった？』と訊かれて、『ここら辺が白髪で、帽子被って、眼鏡かけて、背ぇこれくらいで』って、みんな該当するという（笑）。女性はまだいろんな年代の方、若いお母さんとかも来てたんですけど、若い男の人はあんまり見なかったですね」

——接客は初めてでも、すぐご近所さんや常連さんと仲よしになっていたし、レジでよく声かけをしていました。

「1冊だけ買うお客さんは、『これ読みたい』と思って買いはる人で、吟味して吟味して

吟味して『これにしよう』みたいなかんじでレジに持ってこられるんです。1巻、2巻、3巻とあるときは、吟味して1冊なんです。『体脂肪計タニタの社員食堂』(タニタ、大和書房、2010年)とか3つ(続編と小説版)が出てて、お客さん最初『これ』って続編持ってこられたんですけど、『その前のも出てますよ』って言ったら、『じゃあ最初のから買うわ』みたいなことはありましたね。そういうお声かけはしてました。文芸書持ってこられたときに『これ、文庫出てますけど』とか(笑)。ほんとは売上につながらないからいけないんでしょうけど、文庫になってるのご存じなくて、話題書だというのでレジに持ってきはったんで。文庫をご案内したら『ああ、そしたらこっちのほうが軽いし、安いし、いいわ』って。でも、それは熊木さんには言わなかったです(笑)。

数独とかナンプレはすごい売れてましたね。で、買う人は必ず、『ボケへんようにな』という言葉を添えて(笑)買ってはりましたね。あれ、ほんと、よく売れてましたね。私、小さな鉛筆、アンケート用の、たくさんもらってたことがあって、数独買うお客さんにさしあげたら、すごい喜ばれて。『あったら便利やろうな』と思っただけなんですけど」

石川は雑誌の補助もしていました。

「雑誌の入荷が減っていきましたね。美容院とか病院とか、雑誌をまとめて買って置かれることが減りました。私が入ったころは、皆さんこう抱えてレジに来られて『持てますか？』いうぐらい買ってはったのに。途中から週刊誌とか女性誌とかすごく減りました。入荷数もすごい減りましたけど、売れるのも。『文藝春秋』なんか、3面ぐらい並べてたのが、最後のほうなんか1面で収まってましたね。時刻表も、ダーッとあったんが数冊。最後のほう、5冊ぐらいでしたね。前は山積みであったのに。雑誌担当の北村君が『売れへん、売れへん』と言ってて、『こんなんで大丈夫なのかな』とかって言ったら、大丈夫じゃなかってんね」

――毎日レジでお客さんと接していて感じたことは？

「お客さんは、本屋の棚も自分とこの本棚と同じように変わらないものやと思っていらっしゃるんです。だから『この前ここにあった本』とかって聞いてこられるんです。私も、本屋の棚というもんが、あんだけの本が来て、お店のみんなが仕分けて、棚入れて、出してできてるんやということ、海文堂書店に来るまで知らなかったんです。

『ずーっと昔からここに通ってます』っていうお客さんのほうが、多分多かったと思う。閉店前に、私の娘の同級生が来てくれはってね。『僕、幼稚園の頃からここ来てて』って。で、来たら私がいててびっくりした、みたいな話をしたことあるんです。そういう地元の本屋さん的な感じがあったから、パッと来てパッと寄る駅近くの本屋さんとはまた違う感じがありましたね。

何となく元町来てて、その流れでいつも海文堂ちょっと見て、何かあったら買って、何もなかったらスーッと出ていくみたいな、散歩コースのひとつみたいな感じの人もいてはったし。『せっかく来たのに、その1冊だけサッと買うて帰ってしまうの？』って、『もったいない、本屋来てんのに』って思うような人も、いはりましたし。

文芸書棚で、お昼時間にずっと来て、そこで本を1冊読み終えたお客さんがいてはるんですよ。しおりみたいなの挟んで、自分でちゃんとページを覚えて帰りはる（笑）。決まった場所で、ずっと本を読みはって。女の人でした。東野圭吾さんの本でしたね。東野さん、読み切りはりました（笑）」

中央カウンターと吉井幸子

吉井幸子《さちこ》は中央カウンター専任で、もうひとりの看板娘でした。雑誌定期の管理、お客さんの問い合わせ・検索、うるさ型のお客さんの相手、児童書のフォローなどをこなしてくれました。子どもの頃から本屋さんになりたかった、という人です。

以下は吉井へのインタビューです。

——中央カウンターには、ちょっとうるさ型のお客さんが来ていらっしゃいました。

「本をきちんと包装してお渡ししないと嫌やという方がいらっしゃったんです。1冊ずつのときもあれば、2冊のときも。大きさの違うものをきれいに包装しなさいと。きちっと、角をきれいにしとかないとだめなんです。私、キャラメル包みしかできなかったんですよ。きれいな百貨店包みができなくて。包装紙と本を持っていって、お客さんに毎回『教えてください』って。『ここで折る、ここを持って、ここを引っ張る』ってご指南いただきました。楽しそうに教えてくださいました（笑）。いつも笑って教えてくださったので。呆れてらっしゃったとは思うんです。毎回『ちっとも、あんたは上達せん』って言われてましたから。家で練習したこともあるんですけど。でも、ねえ。ササッと折れるほどには、上達しなかったんですよ」

——定期購読雑誌の管理を担当していました。

「私が入った当初は、カウンターに定期の雑誌、3つぐらい山ができてました。お客さん別に仕分けをすることしかできなかったんですけど、ファッション誌は多かったですよ。

ご近所の美容院とかが買われる。それが閉店前はずいぶんと減って。以前は月に10冊買われていた方が、8冊になり、5冊になり、というかんじですね。あと、雑誌自体が廃刊してしまったものもあるんですけど、古くからお店をやってらした喫茶店も、海文堂より先に閉まってしまって。漫画喫茶も先に閉めて。お客さんのほうが先に閉店されて、冊数も目に見えて減っていって」

――定期はどんな雑誌が多かったでしょう？

「『文藝春秋』、当初は多かったですね。でも10年間の間にスーッと減りましたけどね。企業で取ってらっしゃるのが『もう週刊誌程度でいい』って。読まれてた方がお亡くなりになったというのもありました。もうずっと、10年やそこらじゃなくお若い頃から取ってくださってる方ですと、ご家族の方からお知らせいただくんです。奥様からお知らせいただいたりとか。あと『入院しましたので、もうけっこうです』というような」

――定期雑誌で困ったことは？

「鉄道雑誌なんかですと、別冊とかが入ってこないことが多かったんです。なんでなんでしょうね、あれ。そのたびに注文しないといけないんで、泣き泣き、注文してました。お客さんはいつ出るかはご存じなんですけど、私はわからないんですよね。で、お客さんはジュンク堂さんで売ってるのを確認されたうえで『僕の分は入ってないのか』とおっしゃるんですよ。ですので、こっそり、毎月雑誌の後ろのほうの刊行予定を確認して、発売日に間に合うように、ひと月くらい前にトーハンさんに頼んで、客注扱いで入れていただいて。そのお客さん、ジュンク堂ではお買いにならないんです。50代くらいの方なんですけど。長いお付き合いの方はいつまででも待ってくださるというか。時間かかっても、きちんと説明すれば、待っていただけるような方ばっかりでした。鉄道のお客さんは、もう、楽しみにして来られるので。『入りました』っていうご連絡をするようにしてたんですけど、そうすると、もう、お昼休みには取りに来られるんです」

——定期雑誌をお客さんに送っていました。

「閉店ちょっと前に淡路に引っ越されたお客さんがいて。音楽雑誌の定期のお客さんやったんですけど、『宅急便で送って』って言われて、いっとき送ってたんです。『やっぱり買いに来るわ』って奥様が出てこられるようになりました。

お客さんから『送って』って言われたら、送らしてもらってましたね。お体があんまり丈夫じゃなくて、1年に1回お店に来られて先払いをされる方がいて。昔はお店に来てはったんじゃないでしょうか。雑誌の値段かける12と第三種郵便の送料を先払いされて。毎月ちょっとずつ差額が出るのを、全部チェックして、台帳に記入しておいて、差額をまた次の年に精算されて。次の年のぶん、1年間の料金を置いて帰られる、っていうパターンを、ずーっと繰り返してましたね」

——中央カウンターはお客さんの問い合わせを受けたり、本を探したり、忙しかったと思います。

「お客さんに聞かれて、奥の人文書とか精神世界の本にご案内したときに『ここにあったのね』って言われたことは多々ありますね。ご自分で探せなかったので、中央カウンターに暇そうに立ってるおばちゃんに聞いてみたら、案内してくれた、と(笑)。『自分が探してたジャンルの本は、こんな隅っこにあったのか』って。

とんちんかんな棚にご案内したこととかもありますよ。2、3日前に聞かれて、さんざん探して、『ないですね』ってお断りしたお客さんの本が、朝違う本を探しに行ったときに『あ、こっちのジャンルじゃなくて、こっちかい！』っていうことは、多々ありましたし。一緒に棚に探しに来られたお客さんが『ありました』って先に見つけられたりとかね(笑)。

ご年配の方が多かったせいもあるんでしょうか、他店で検索端末の紙をそのまま持ってこられたり。そのお店で『ないって言われた。ここにある？』って。もう歩いてご自分で探される気力はないんですよね。中央カウンターの椅子にもう座ってはるんです。検索の紙に『Ａの棚です』と書いてあっても結局探せずに、誰にも頼めずに『海文堂書店へ持っていけば探してもらえるかな』って持ってこられる。

私も息子の参考書探しに他店に行って、検索端末使ったことあるんです。ものすごいプレッシャーだったんですけど。そこでまず汗かいて検索して。でも、棚がわからへんのですよ。探せなくて書店員さんに聞いたんです。『こちらですよ』って棚の前まで案内されて、でも、『これですよ』とはおっしゃらなくて、『あ、こっから私が探すのね』と。結局、見つからなかったんですごすご帰りました。そういうことがあってから、あの紙を持ってこられるお客さんに対しては、納得できましたね。みんながみんな、サッと棚を探して、わかる方ばっかりとは限りませんから」

海文堂書店のスタッフは棚まで案内して、お客さんと一緒に探すのが当たり前でした。中央カウンターはこちらが本を探す間、お客さんに座って待ってもらう場所、その本をゆっくり見て選んでもらう場所でもありました。

「相対的にお客さんの数が減って、定期の数も減ってましたから手は空くんです。そういうときに来てくださるお客さんには丁寧に応対できますし。ご夫婦で中央カウンターに来られるおじいちゃんとおばあちゃんがいらっしゃって。健康の本とかをよく買われるお客さんだったんです。『今度、カテーテルのことで入院せなあかんねんけど。ちょっと本で調べたい』って言われて。ご夫婦でもう中央カウンターの椅子に座ってらっしゃるので、健康の書籍のところから何冊か、10冊ほど持ってきて読んでいただいて。その中から選んでいただいて。1冊だけってことはなくて、必ず、2、3冊は買われるんです。で、『また来るね』って言って、ご夫婦で『忘れ物ないか』『だいじょぶか』って手をつないで帰られるんです。

中央カウンターで般若心経を何冊も何冊も読まれたお客さんもいて。棚から持ってきて読んでいただくんですけど、『これやない』『これもなんか違う』って言われて。わたしも何度も棚から持ってきてたんで、なんかなあと思ってたんですけど、そのお客さんがぽつっと『末期の癌なんや』って。『相手してくれてありがとう』って」

——閉店前は中央カウンターも大忙しでした。

「最後の数カ月、何か、うなされたかのような感じでしたよね。なんででしょうね。お客さん、『何でもいいから買って帰る』みたいなことおっしゃってましたけどね。よその本屋さん行ったら、おんなじのあるんですけどね。これから先も」

文芸、新書と熊木泰子

熊木は文芸書と新書を担当しました。私はいつも彼女の新刊紹介に聞きほれていました。彼女の棚のファンは読者だけではなく、出版社の人、他書店の人もおられました。もちろん同僚もです。ブックフェアでは「村上春樹の翻訳の世界」「3・11後のフィクション」などが印象深いです。最後のフェア「いっそこの際、好きな本ばっかり！」は彼女の企画です。普段担当部門を持たない石川と吉井、それにバイト君・黒木も参加することができました。個人的なことを言えば、彼女とは大昔に1年だけ一緒に働いたことがあります。ポニーテールの「お嬢ちゃん」（失礼）が大人に成長して、老いた書店員（私）を助け、叱咤してくれました。

以下、熊木にインタビューしました。熊木はこう語り始めました。

「自分たちがいろんな工夫をしてつくった棚が、もしかしたら間違っていたから、こういう結果になってしまったのかもしれない。その気持ちがあるので、『私はこの棚をつくってました』って、そんなえらそうなことが言える立場なんだろうかねとは思います」

――確かに私たちは敗北者ですが、自分たちがしてきたことを話せばいいと思います。私は熊木と海文堂書店で20数年ぶりに再会し、一緒に仕事をしました。その間、どのように本屋の仕事をしてきたのでしょうか。

「コーベブックスっていう会社は、なんていうか、すごく個性の強い人ばっかりがいる会社だったんです。野放図というか何というか、事務的なことなんかよりも感性のままに作るような人が多いような会社だったと私は思ってるんです。なので、あんまり教えてもらってませんよ。棚づくりの要諦というか、『こういうふうにチェックして、どういうところにアンテナを張って、こういう情報を獲得してつくりなさい』っていうようなことは、聞いたことがないような気がするんです。

わたしもいい加減に、適当にやっていただけです。海文堂に入ってからのほうが、皆さんがきっちり仕事をされているので、勉強になったことは多い感じがします」

——入社してすぐ客注担当になったと記憶しています。

「コーベブックスに21年いて、客注を長くやっていたんです。客注をやるっていうのは、あらゆる出版社に対応しますから『どこの出版社はどういう特徴がある』『注文してもなかなか入らない』『すぐに対応してくれる』とか、そういうことの見分けはつくようになったっていうのは、ありがたかったですね。客注の内容もほんとうに柔らかい物から、硬い物まで。文芸書とか新書に関しては、その出版社の特徴ってわかっていたほうが、やりやすかったかもしれませんね。そうですね、客注が役に立っていたんですね、今、気がつきました」

――コーベブックスがダメになって海文堂書店に移ったわけですが、コーベブックスの棚と違いましたか。

「コーベブックスで長いこと働いてて、いわゆる本らしい本がどんどん無くなっていくのを目の当たりにしてたわけです。売れないから置かなくなる。常備を置くのはやめるとかいうようになって。自分もそれに荷担してたんですけれど。世の中を流れているものはこういうものなのだろうと思ってたんです。それが、海文堂に来たら、タイムスリップしたというか、20年前に置いていたような本が全部あるんです。『こんなん、今頃、置いてていいんか』っていうぐらい本らしい本がたくさんあって。『あ、ここは本があるわ』と思いました。それがすごく新鮮だったんですね。これは、やっぱり大事にしないといけないんだと思いました。それを残している海文堂は立派やと思っていたので、『だから、危ない』とは思わなかったので、できたらこのまま持っていてほしいなという気持ちでした。本当によくあの形で、あそこまで残ってこれたなと思いました。あのまま残してしまうことがよかったのかどうかは、わからないけれど」

――海文堂のお客さんのことはどう思いましたか。

「海文堂、お客さん、違いました。ちょっと雑駁な言い方ですけど、お客さんが優しいです。なんか街の雰囲気とかのせいじゃないかと思ってるんですけれども。前の職場は百貨店の中の本屋っていうこともあると思うんですけれども、怖かったです。けど、神戸の方はおっとりしてはりますね、ほんとに、はい。年齢層は海文堂のお客さんのほうがぐっと上がります。お客さんの平均年齢は午前中とかやったら、70歳を超えてる。

学者タイプ。本当の職業はわからないんですけれども、学者風だったり、大きな会社をリタイヤされて悠々自適みたいな方とか、なんかお金も学歴もありそうな感じの方が、いらっしゃいましたね。そういう方がわりと高い本、たとえば染色家の志村ふくみさんの『晩禱《ばんとう》リルケを読む』（人文書院、2012年）をパラパラッと手に取られたり。けっこう高い本なのに（税込3024円）。これは意外な感じがしましたね。

お客さんは案外、ほんとうに店で自分で見て、選んで買ってくださってるんだなっていう感じがしましたね」

――ある人が「文芸担当者は売上の割には声がデカい」と。海文堂書店の文芸書の売上は？

「広い面積は取ってましたけど、売上は面積に見合っていなかったですね。文芸のシェア、海文堂ではもっと多いと思ったんですけど、思ったより売れなかったので。文芸は売上シェアの割にクローズアップされやすいっていうのは、ほんとにそのとおりだと思います。

配本に関していえば、海文堂は外商がありましたので、外商のぶんも込みで配本されるんです。外商には公共図書館に配本しているぶんがありますので、それだけで5、6冊プラスされて配本される。ただ、図書館からの注文はちょっと時間差があるんですね。入荷してすぐではなくて、2週間ぐらいあと。その2週間の間、店に出すことができるんです。本来の店の売上だけだったら配本がたぶん1冊か2冊だろうと思われるものが、7、8冊、入ってくる。それはお客さんの目にすごく触れやすくなるわけですね。新聞に広告が出たりするその日にたくさん積める。それはすごくよかったと思います。で、結果的に外商と店売とを含めた数字が売れた数字になりますので、だから、版元に対しても覚えがいい（笑）」

――どんな作家が売れていましたか？

「百田も東野さんも売れてたし、湊かなえも売れてましたけれども。新人作家でガーンと世間で売れているような人は、あんまり置いてなかったかなあ。若い読者層の本はあんまり売れてなかった気がする。西加奈子や山崎ナオコーラさんは売れなかったですね。あの年代の人たちはあんまり売れなかった。もうちょっと上の川上弘美とか小川洋子さんとかだったら売れる感じはしていて。冲方丁《うぶかたとう》？　あの人は、売れたのだけが売れました。西尾維新は盗られるほうが多かったです。

黒井千次とか古井由吉《よしきち》とかが久しぶりに何十年かぶりに出した新刊とかいうのは、けっこう売れます。常盤新平が生前最後に幻戯《げんき》書房から最後に出したものも、高い本でしたけど、けっこう売れましたね。大江健三郎は出ると売れます」

熊木の棚づくりについて。

「どこの本屋さんもそうだと思うんですけど、作家のこと差別しますよね。好きな作家は売りたいので、あまり関心がない人にはどうしても手薄になってしまう。嫌いな人は売りたくない。自分がどんな棚をつくりたいかっていったら、結局、それでしか差の出しようがないと思うんです。それはお客さんに対してものすごく不遜な言い方なんですけどね。私ならばその好きな作家っていうのが、川本三郎だったり堀江敏幸だったり出久根《でくね》（達郎）さんとか、沢木耕太郎だったりとか。

その作家がたくさん本を出してますよね、その中でその人の中心となる『この人の本はまずこれを読むべきだ』っていう本があると思うんです。それを中心に置く。文庫を併売するっていうのが最近流行りで、あれをもっと昔からやればよかったと思うんですけれども、それをやり出したのは本当に最後の最後になってからだったんで。堀江敏幸なら『熊の敷石』（講談社文庫、２００４年）とか『雪沼とその周辺』（新潮文庫、２００７年）。沢木だと『深夜特急』（新潮文庫、94年）とか。ただ、それは全部を読んでないと、判断できないですよね。だから、それができる作家はものすごく限られてきて。私、吉田篤弘が好きなんですけれども、あの人だったら『つむじ風食堂の夜』（ちくま文庫、２００５年）を絶対置かないといけない。そのあとに広がっていった人なので。今やるんだったら、そうしたいです。それができなかったって後悔のほうが多いんですけれども」

――文芸書で最も売れた本は？

「印象としては、『海賊とよばれた男』（百田尚樹《ひゃくた》、講談社、２０１２年）ですかね。うんざりですけどね。びっくりするような売れ方でした。村上春樹より売れた。どこかで春樹は止まるんです。やっぱり読む人が決まってるんでしょうね。大勢いるけれども一巡したら終わり。文庫は次々と売れていくと思うんですけど、新刊に関しては一定数が済んだらおしまいっていう感じ。でも『海賊～』は止まらなかったですね。週に10冊売れるっていうのが半年も続いたりするのは、今までになかったことでした」

――外国文学に力が入っていたと思いますが、いかが？

「売りたかったね。海文堂に来て文芸担当になって、外文は多少変えたという、ちょっと自負があって。整備したという思いはあるんですけど、売れなかったです。最初は国別に分けてたんですけれども、それは誰が見てもわからないようなスタイルになってしまったので、欧米文学とかは全部引っくるめて、エンターテイメントとそれ以外の物に分けて、きちんとした作品を並べましたね。あとどこの外文の人もそうでしょうけど、柴田元幸が好きなので、柴田さんがおすすめする本なり、翻訳をしてる本を中心に。柴田訳とか岸本佐知子訳とかを中心に。必ず書評に載りますでしょ。書評に載ったら、興味を持ってくれるっていう方はいらっしゃったので」

熊木は毎日きちんと新刊台帳を付けて、それが単品管理台帳にもなっていました。

「コーベブックス時代から付けてたんです。これが全体を把握するのにすごく役立ちました。『何月何日に何が入ってきて、何冊売れて、この期間内に何冊売れて』っていうことを、わかるようにして。タイトルが思い出せないとか、そういうのはしょっちゅうあるんです。記憶力がない分、書かないと気持ちが悪いというか、習慣化していたので。何かの手がかり——だいたい1カ月ぐらい前に出た、とかいう手がかりがあったら、そこから調べられますから。台帳には出版社、著者名、タイトル、入った冊数とか、いろいろ書いていました。フェアをしたりするときにも、この期間に何冊売れたっていうのがわかると、それだけでも次の配本や追加注文や、あと何冊欲しいっていうときにも役に立ちます。『今はPOSがあるから、そういうのってつくらなくていいのでは?』。そうだと思います(笑)。自分にとって台帳はもうほとんど『おまじない』のようなものだったので」

——今、海文堂書店のことをどう思っていますか?

「海文堂は、新しいお客さんをつくるということをいちばん苦手としていたと思いますね。

ずっと古いお客さんを大事にはしていたけれども、それに安住してましたね。最後のほうは、インターネットとかで情報をどんどん出せるようになってたわけですから、そういうものを使って新しいお客さんを獲得することは、もしかしたら、もうちょっと頑張れば可能だったかもしれないですね。その辺、あまり何もしていなかったですね。私自身もしていなかったですね。なんでしなかったのか？　やっぱり日々の忙しさに紛れて、あまり物を考えなかったたっていうのがあると思います。閉めるということになって、急に慌てて考え出したようなところがあって。注目されているっていうことで力が入ったっていうのもあると思いますし。

だから、最後の1カ月で、なんか変わりましたよね。そんな感じがします。何かちょっとした小さいフェアをやっても、それについて発信してくれるような人がおられるようになって、最後の、みんなで好きな本を選んだフェアなんかもそうですし。ああいうものでもちゃんと反響があったりしましたので。見てくださっていた方が、実はいらっしゃったのだと。そのときだけかもしれないし、以前の海文堂書店ならなかったのかもしれないですけれども、すごく嬉しかったですし、やる気になりましたよ。そういう気持ちにもっと前からなっていたら、もうちょっとね」

実用書、旅行書と柿本優子

柿本優子は実用書と旅行書担当、物静かな人です。他店での経験を活かし、探しやすい棚をつくっていました。海文堂書店の女性たちはどちらかと言うとはっきりモノを言う（早い話がだらしない男性陣を叱る）人が多いのですが、彼女はいつもにっこり微笑んで、黙々と棚に向かっていました。仕事もいつのまにか片付けている人でした。

以下、柿本にインタビューしました。

――実用書のお客さんの層はやっぱり年輩の方？

「海文堂書店のお客さんの中では割と若い人、多かったと思います。ベビーカー押してるヤングママとか」

――実用書が扱う分野は広いわけですが、売れ筋はどの分野でしたか？

「家庭医学書がけっこう動いてました。やっぱり、テレビで紹介されたりすることが増えてきたので。お医者さんとかの書いた本とか。お客さんは年配の方が多かったですね。男性、女性、両方。分厚い家庭医学書とかを見てはったり。ダイエットは若い方が手に取ってたんですけど。

『腎臓が悪くて病院に行ってるねんけど、そういう本はないか』とか聞かれたり、肝臓とか血圧とか、病気別にわかりやすく分けていました。順番？　何となく、頭からずっとこう下に向かって。腰とか脚、膝、そういう感じで」

——実用書は他のジャンルとの境目にあるものが多いと思いますが。

「その線引きは難しかったですね。介護とかは人文。冠婚葬祭は実用。お経は人文、赤ちゃんの名付けは実用、育児は3歳までは実用で、そこから先は教育の棚でした。胎教？　胎教は実用書でした」

——私は柿本は時間があれば棚を触っていたという印象があります。実用書という広いくくりの中で、どうやって棚を動かしていた？

「何となく、感覚でなんですけど、とりあえず置いてみて、動くようだったら、その部分をちょっとずつ広げていくとかですかね。

たとえば競馬の本も最初はすごく動いてたんですけど、海文堂書店を閉めるちょっと前、1年ぐらい前から動かなくなってきた感じで。なので、だんだんそれをジャンルごと狭めていって、囲碁とか将棋とかのほうが動くので、それをちょっとずつ広げていって。

『しないといけない』ということはなくて、自由にやらせてもらえてたんで、いろいろ、ちょっとずつ広げたり、狭めたりとかしてました。ただ、棚は毎日変えていたので、たまにお客さんから『ちょっと前にここにあった本、どこに行ったの？』とか訊かれて、それが何の本かがわからなかったこともあって（笑）。

なので実用書は、ずっと棚に置いている本って少ないんですよ。『広く浅く』なので。ずっと置いてた本って、タニタ（『体脂肪計タニタの社員食堂』）くらいかなあ」

――実用分野で配本のない本、多かったですね。

「まったく入ってこないものとかもけっこうあったりして。自分も気づいていなくて、他の本屋さんで見つけて『あっ』て気がつくものとかたまにあって。『これはいけない』と。手芸書でも、グッズが付いてるものでも、まったく入荷がなかったり。営業の人からは『いろんなところで売れてます』と紹介されるんですけどね」

柿本が他店に行っていたのは、ライバル視や偵察のためではありません。参考のためであり、純粋に本を探すためでした。他店の棚が乱れていたら直していたそうです。

学参、資格書と笹井恭

笹井は前述のとおり、学参・資格書だけでなく、後藤が休みでも2階の全部門を任せられる人です。事実、後藤が通勤途中に足を骨折して長期入院する事件がありましたが、彼は大船に乗ったような気持ちで治療に専念できました。また彼が次々に新しいグッズを開拓して、まわりの人間の雑用を増やしても、大きな心で見守っていました。成田一徹が2階売り場を「切り絵」にしてくれています（『新・神戸の残り香』神戸新聞総合出版センター、2013年。本書の本表紙にも収録）。そこに彼女が描かれています。小さい画面ながら、後頭部から肩・背中の「線」が彼女そのままで、まさに「笹井」として存在しています。

雑誌、芸能書と北村知之

海文堂書店のみならず本屋業界の次代を担うべき人材です。2009（平成21）年入社です。通称「アカヘル」は、北村が熱烈な広島カープファンであることから。他店勤務時代から海文堂イベントの常連で、古本愛好家です。彼の書く文章はプロの書き手たちをもうならせています。静かで深い思考があり、枯れているかというと熱い文章です。ただ、書き上げるまでが甚だ遅いのです。私は「遅筆神経遅調症」と名づけておりました。福岡と私は北村が『spin 01』（みずのわ出版、2007年）に書いた次の文章をよく話題にしました。

《11月10日（金）

昼休み屋上で、カップうどんとおにぎりを食べて、缶コーヒーを飲む。昨日も同じだった》（北村知之「エエジャナイカ1　雨の十一月」）

2006（平成18）年の文章執筆当時、北村は別の本屋で学参を担当していました。凪も冷たいだろう会社の屋上で侘しい昼食です。それでもなるべく温かいものをという健康への気遣いと、若き読書人のどこか満たされない気持ちも伝わってきます。

彼が結婚して、とても幸せな新婚日記を書いていたときに私たちはからかいました。

「アカヘルはあれ（冬の屋上でカップ麺をすする）でなくては……」

そうです、結婚式です。海文堂からは福岡と私が出席しました。ふたりで、

「出席者はきっと古本仲間の年上の人ばっかりやで」

と心配していましたが、ちゃんと同級生の友人たちが座っていました。

仕事の話もしなければいけません。

北村は雑誌では地元情報誌ムックのバックナンバーをきちんと揃えていました。特に京阪神エルマガジン社のものはほぼ全点平積みでした。北村が雑誌を担当するようになってから他店の扱いが少ないミニコミ誌が増えました。彼は硬めの文芸誌・思想誌からサブカルチャー誌にも力を入れていました。

芸能書棚（音楽、映画、演劇、伝統芸能）では、他店ではあまり見かけない本が多数ありました。特に映画本はマニアを集めていましたし、音楽本にも力が入っていました。担当ジャンル

に関係なく気になった文芸書や文庫、コミックも並べていました。いわば「アカヘル堂」という感じでした。〝うるさ型〟のファンが多数おられました。

児童書と田中智美

海文堂書店の初代児童書担当は島田誠でした。島田の社長就任当時に「児童書コーナー」はまだなかったのです。まだ海事書を中心にした硬い品揃えの本屋でした。神戸港の中突堤から四国・九州航路の船が出ていた時代のことです。旅行をされるお客さんがお子さんたちのために絵本をお求めになりました。当時の海文堂書店には、特約店であった岩波の児童書が数冊あるだけでした。残念がるお客さんの姿に島田は「児童書は絶対必要だ」と感じ、自ら担当したのです。その後、経験者が入社し、海文堂の児童書の原形ができました。読書相談・教育相談を受けるようになりました。

田中智美《さとみ》はアルバイトで入りました。ちょうど就職活動中でもありました。当時の児童書担当者の薫陶を受け、「子どもたちに本から得る喜びを伝える仕事をしたい」と考えました。大学を卒業して海文堂を離れていたところ、担当者がお産のため退職することになり、後任の話がありました。88（昭和63）年２月、田中は晴れて社員として入社しました。

海文堂の児童書ゾーンは他店と少し違いました。廉価版の絵本やアニメ絵本の回転塔がありません。ベストセラー本も田中が吟味してから置きます。翻訳物はオリジナルに近いものを選んでいます。彼女ひとりではなかなか難しいことですが、教師、児童図書館、家庭文庫の皆さん、それに出版社の方々のアドバイスや力添えがあります。

田中ほどお客さんと対話をしている者はいませんでした。休日は情報集めに走り回っています。私は出張で来た営業さんから、東京のどこそこで田中に会ったとか、トーハンの神戸支店担当者から田中が東京本社に今来ているようです、という話はよく聞きました。図書館のお手伝いや子どもたちの「読み聞かせ」にも出向いていました。

後述する「海文堂生誕まつり」の一環で、「子どもと本との出会い」の題で田中が児童書との関わりについて講演をしました。聴講者はサポーターと顧客の皆さんです。田中はまず、海文堂でずっと児童書を担当することができたことのお礼を言いました。会社の理解、お客さん、出版社・取次担当者のおかげ、と。海文堂で出会った子どもたちのこと、親御さんたちとの本を通しての交流、本を手渡すことの喜びを、例を挙げて話しました。お子さんの詩、お母様からの手紙も紹介しました。聴衆は児童書に詳しい方々なので、彼女の口から出る本については著者名や書名だけで通じます。

講演から面白いエピソードを紹介します。

幼稚園に「読み聞かせ」に行ったときのことです。その日、彼女は別のことで気にかかることがあり、読むのを何度もトチリました。すかさず園児が「あわてて読むからや！」。子どもの目はごまかせません。

〝海文堂の良心〟とも言える田中が、児童書・お客さんとの関わりを静かに話し、会場は涙と感動で一杯になりました。なぜ彼女があの場所に居続けることができなかったのか、今こう書いていても無念です。

彼女は海文堂書店でいちばんの遠距離通勤者でしたが、最近距離の私より30分前には出勤していました。長年の習慣です。２００８（平成20）年4月のある朝、私が出社しますと、いつものように彼女は児童書の場所にいました。ちょっと様子がおかしいのです。涙を拭っています。児童書のことはわからない私でも事態は理解できました。その前日亡くなった石井桃子のことを、その棚の前でひとり追悼しているのでした。

田中は97（平成9）年に、児童書出版社4社による「子どもの本オアシスの会」から、児童書棚の創意工夫と、読者の期待に応える棚づくりによって、ジュンク堂京都店とともに第1回の表彰を受けています。

海文堂書店閉店は彼女の大きな〝使命〟を奪うことだ、と私は考えていました。しかし彼女は今、新しい仕事に就きながら、自分の〝使命〟を果たしています。幼稚園での「読み聞かせ」と、顧客への本紹介を続けています。以下、田中にインタビューしました。

——海文堂書店のお客さんについて。

「いちばん多かったお客さんは、家庭文庫をされてるお客さんとかでしたね。神戸も文庫はいくつかありますし、あと、姫路、三田《さんだ》。常時ではないですけど、奈良の方も。子どもの本に関わってる方たちが多かったですね。海文堂の児童書の売上を支えてくれたのは、そういうお客さんたちだと思います」

——私は児童書のことをよくわかっていないのですが、それでも他店の児童書売り場とは違っていると感じていました。

「海文堂書店の児童書は、私が作った棚というよりも、初めに基本がありましたので。私はありがたく、恵まれていました。根本は『子どもにとってどうかしらね』でした。子どもにとっての本選び。そこが基準でした。子どもって、しっかり本物見る力を持っていますから、せっかく1冊子どもに手渡すならば、ちゃんと美しいものを見せたい。見せたいというか、見てほしいなっていうか。そういう思いですかね。海文堂書店は総合書店ではありましたけど『どこの書店でも売れてますよ』的な、どこでも積んであるような本を置いていなかったりするので。そういうのを見慣れているお客さんはちょっと戸惑ったんじゃないかな。『かわいい』とか『色がはっきりしてる』ですとか、目を惹くような絵本を見慣れてらしたら、ちょっと戸惑われるかもしれなかったですね。アニメ絵本とか回転塔とかも置いていませんでしたし。『いたずらきかんしゃ ちゅうちゅう』(バージニア・リー・バートン著、むらおかはなこ訳、福音館書店、61年)を店頭で知らない人に勧めるのは難しいんです。なぜか。色が付いてないからです。子どもは好きなんですよ。だけど、大人がそこで『これ色付いてないから、もっとかわいいの』って言ったら、子どもの手に届かないんです。それがジレンマでした。なんで子どものとこに行くまでこんなに大変なんだろうと思いますよ。図書館でも『ちゅうちゅう』はすぐに見つかるところにないですし、書店でもパッと目につくところには、多分ないです。だから、選んで渡す大人の手が絶対必要なんです。それが、ものすごく難しくなってる」

――児童書の世界はロングセラー中心で、新刊が参入しにくいと思うのですが。

「私が先生たちに教えられたのは、だいたい30年ぐらい読み継がれた本を基本とするということです。子どもから大人になったときに、次の世代に読み継がれて、伝えられてきた本だから、それが基本と。

でも、今、それが売れなくなってきてるんですよ。今、ロングセラーの児童書も厳しくなっている。それが、今、私たちが危惧してることで。たとえば『ぐりとぐら』(なかがわりえこ著、おおむらゆりこ画、福音館書店、63年)が前ほど売れてないんです。『ぐりとぐら』を読んでいない親がいるということなんですよ。それがいけないとは言わないけど、『え、知らない？』ということが起きているんです。子どもが減っているということもありますけど、もうお母さんお父さんの世代も、スマホとかパソコンでしょう？　街とかで見かけると思いますけど、乳母車に乗った赤ちゃんをスマホであやしてますでしょう？　もう、そこから違いますよね。絵本にいく前の段階からが問題になっていて。スマホに相手をさせるぐらいなら、本を、とにかく赤ちゃんのときから、コミュニケーション取る道具としてでいいから、使ってもらえるようにと思うんです」

「閉店の時、私、お客さんたちに『困るわ、困るわ』って言われたんです。『大書店はちゃんと揃えてあるから大丈夫ですよ』って言ったんですけど、自分が大きな本屋に行ったときに、探せなかったんですよ。自分が欲しい本が。売れる本は目につくんです。けれど、私が届けたい、私たちが届けたいと思う本は、すぐ目につくとこになかったりするわけです。『これではお母さんたちは選べないいな』と」

「『これは子どもたちに』っていう本の中からお母さんたちに選んでもらえるようにするのは手間がかかるんですけど、海文堂書店では、そういう時間もなんとかもらえてました。もう、今どこも人件費削減で、そういうことを担当者がしたくてもできない状況じゃないですか。お客さんと話すってことを大切にしていたのは、やっぱり海文堂のもともとの体質だったと思います。私もそういう先輩たちを見てきたから。それが海文堂だったんじゃないですかね」

その田中の姿を見ていた若い人たちがいました。

「ずっと来てたお客さんで、何か、私がやめたあと自分が担当者になろうと思ってた子がいたんです(笑)。びっくりしました。『うちの何々が田中さんのあと狙ってた』って言われて。私もそんなふうに思われる齢になってたのかなって。でも、それは嬉しいっていうか、『そういう仕事をしたい』って言ってくれた子が何人かいたことは、嬉しいですね」

アルバイト・黒木達也

黒木のアルバイト採用時の面接官は私・平野でした。第一印象は「男前やけどおとなしそうな子」でした。時間給は７５０円だったと思います。23歳の男子を、そんな時給で雇っていいんやろうかと思ったことを覚えています。黒木が入ってくれたことで、教科書販売はずいぶんと助けられました。今、黒木は神戸市内のほかの本屋で働いています。

黒木は彼の幼なじみがバイトを辞めるときにその紹介で入社しました。

「海文堂書店でアルバイト始めたの、23歳とかやった気がするんです。２０１０(平成22)

年の12月末。本屋は嫌いではなかったんで、本も嫌いじゃないし。年齢的にも探しゃあなんぼでもあったんですけど、あの当時はまだ本屋はちょっと楽なんちゃうみたいな（笑）。まあとりあえずやってみたらおもしろいんちゃうかなと。高卒ですぐ働き出してたんで、バイト自体が初めてだったんで、入ってすぐクリスマスだったんですけど、やりながら『こういう感じなんかな』ぐらいの気持ちで。ただ、僕の場合、やっぱり教科書ですね。あれで洗礼を受けた。あれで思い知った（笑）」

——何といってもいちばん若いし、体格もいいし、使い倒された。

「量もすごかったですし、重さもすごかったですけど、選別する作業がいちばん。最初は3校、翔風、村野、甲北ですかね。それだけの数を1回開けて検品して、折れてないか（破損）を見て、また箱に戻して、それを学校別にまとめて積んで。搬入日にトラックに積んで、学校行って、降ろして、教室に持っていって、セット組み。きつかったですね。自分が高校生のときは、僕は工業高校だったんでセット組で買ったんですけど、ただ『重いわあ』と思いながら買ってた。お金を渡したらもらえるいうことしか知らなかったですしね。その前段階を味わうと、『もうちょっとありがたく思えよ』と思うようになりました（笑）」

黒木はレジでの接客も慣れて、常連さんの行動パターンを覚えていました。他のスタッフ同様、お客さんと話をしていました。

「レジではお客さんとけっこうなんか話したりとかしました。バイトなんで、そんなしっかりとは話さないですけど、向こうから話しかけられるんで。『今日は、暑いなあ』みたいな言われたりするんで、『暑いっすね』みたいな。『クーラーきいててええなあ』みたいなことを言われて(笑)。社員さんとしゃべってる人はけっこう当たり前のようにいたので。それが普通なのかなと。フリーダムだったんですかね(笑)あの店は。ワンちゃんの散歩帰りに来たりとかね。ワンちゃんを抱えたままレジに来はる人もいましたね。お客さんとしゃべらない本屋を経験したことがないんでようわからんですけど、今思えば、そういうお客さんが普通にいるということは特殊といえば特殊だったんですかね。なんか本屋のレジは、こういうもんなのかなっていうイメージがつきました、海文堂で」

——海文堂書店の経験は今、役に立っていますか？

「今、書店で働いてるんですけど、ありがたかったのは、出版社の人が顔を覚えててくれて。こっちの名前は覚えてないけど、『あっ、君』って。なんか見たことありますねみたいな。それはありがたかったなあと。あとはうーん、何ですかね。本を触るのが楽しく思えることは海文堂で体験しましたけど、書店員が本を触るの楽しくなかったら仕事になんないんで。海文堂にいて本を触るの楽しかったし、いろんな本が見れるのは楽しいんやなという気持ち、海文堂でバイトしてたおかげで、今の本屋でもすっと入って、新刊を開けるのも楽しいし、棚を触るのも楽しいしって思ってやれてるから、自分としてはよかったなって。損することはなかったなと」

人文と平野義昌

他人《ひと》のことばかりを書いていてはいけませんので、自分のことも厳しく書きます。

2003（平成15）年3月、勤めていた三宮ブックスが店舗立ち退きのため業務縮小となりました。余剰人員の私は海文堂に拾ってもらいました。海文堂に来て驚いたのは、ひとりにひとつ机があるということです。島田・小林時代から設置されたものです。棚担当者が商品管理、データ分析など、必要なデスクワークを落ちついてするためです。机には各種文房具と電話も備えつけられていました。しかし、私の机はすぐにいろんなモノが積み上がっていきました。

ちょうど文庫担当者が退職するときで、私はその人に海文堂流の仕事を教わりました。トーハン注文と返品用ハンディターミナルの使い方、中央カウンター配置時にしなければならない定期購読顧客との対応、各種伝票の書き方、閉店後のレジ精算と売上金の処理、備品の場所、内線電話の使い方、トーハンの検索発注システムTONETS操作など。コンピューターの使い方も習いました。2ヵ月ほど文庫を担当して、得意中の得意「フランス書院文庫」を並べ出した頃に、古くからの人たちの退職が続き、後藤が入社し、海事担当となりました。大幅な担当替えになり、私は人文社会、経済・法律となりました。この時に熊木が文芸書担当になりました。

コーベブックス残党3名がメインの海事・文芸・人文を見ることになってしまったのは、海文堂にとって良かったのか悪かったのか、私たちは判断できませんが、当時はそうするしかなかったわけです。

海文堂とコーベブックスでは仕事の仕方が違いました。たとえば海文堂書店ではレジと中央カウンターに専任者がいました。棚担当者も含め全員決まった時間に平等にレジと中央カウンターに入りました。全員の休憩時間は毎日きちんと順番が決められていました。コーベブックスではレジには手の空いた人だけが入り、昼の休憩時間も12時からの人、13時からの人といつの間にか決まっていました。それでも特に不満を言う人もなく毎日の仕事ができていました。海文堂書店は神戸でいちばん早く取次の検索発注システムを導入しました。コーベブックスは、熊木の話にあったように、各担当者に書籍新刊台帳や雑誌管理台帳をつけることを奨励していました。

コーベブックス経験者3人は海文堂書店入社後もそれぞれ我流の「新刊ノート」をつけ

ていました。私が書いていたことはジャンル別に入荷日と書名・著者名・出版社名のみでした。もっぱら記憶補助と返品期限チェックのためでした。ジャンル別にすることで後のフェアにも利用できました。熊木は入荷数・追加数まで記入し単品管理表になっていました。後藤ノートの内容はよく知りません。

さて、私は担当替えで人文社会の棚を見直し、私なりの問題意識でジャンル別に並べ替えました。たとえば、前任者はメインを心理学にしていましたが、私は社会問題にしました。人文社会の棚は現実の社会問題と向き合うべきと私は考えるからです。人間の社会は醜い面があります。その醜さを目をそむけずに見て考えるべきだと考えたからです。日本史の隅っこに少しだけあった人権・差別問題をここに移動し点数を増やしました。弱小出版社と言われる地道で頑固な版元の本を並べました。この分野は昔、コーベブックスでかじっただけですが、昔通りにしました。

私はビジネス街としての元町と栄町通の衰退を感じていました。海文堂書店は経営陣の考えで毎月の分野別売上統計表が中央カウンターに置いてあり、担当者はいつでもそれを見ることができました。経済・法律部門の売上は近年落ち込んでいましたから、常備も出版社の営業さんの訪問も減っていました。定期的に訪問してくれたのは、かんき出版、ぱる出版、日本実業出版社、中央経済社、税務研究会の方々でしょうか。大手の日本経済新聞出版社とダイヤモンド社は定期的な訪問はありませんでしたが、毎週重版情報をファクスしてくれましたので、発注にたいへん役立ちました。

人文社会の出版社営業の方々は、皆さん注文を取ることだけが目的というタイプではなく、挨拶に来店し、売れ行き情報とフェア案内をするくらいでした。世間話だけの人、本を買って帰る人、呑み会案内をするだけの人もいました。

私が変な通信――時間外に制作していたお客さん向け新刊案内通信『週刊奥の院』をファクスで送るので、お返しに「営業日記」を書いて送ってくれる方もいました。それを知り合いの書店員さんに転送してあげると喜んでくれました。日記にはその人の仕事の話だけではなく、読んだ本、注目している本やフェアの話も書かれていました。

私が女性営業さんと話をしていると、男性と接し方が違うと福岡は言います。ヤキモチであろうと、たまに話にまぜてあげました。

版元企画のブックフェアはあまり好きではありません。すべての出版社とは言いませんが、出版社はセットを本屋に送ることで売上を立て、本屋のほうはそのセットを返品の種と思っていました。本屋の人間としては、別の出版社の同じテーマの本を並べたり、同じ著者の本を並べたり、ひと手間加えたいのです。ただ本屋の棚を出版社に貸すという形ではなく、書店員としてそのフェアに参加したいのです。私は「ひと手間加える」ことができるNR出版会（人権、平和、アジア、環境、福祉などの社会問題をテーマにする小出版社10社）、平和の棚の会（テーマは平和、17社加盟）、人文会（人文書の普及、書店との研修、フェア提案などの活動。20社加盟）、仏教書総目録刊行会（仏教書普及を目的にウエブで閲覧できる総目録を作成。幹事社9社）のフェアには必ず参加しました。アジアの本の会（本を通してアジアと日本を考える出版社16社）、歴史書懇話会（11社加盟。歴史書総目録作成、専門書の復刊、講演会、ブックフェアなどを行う）のフェアにも申し込みました。これらは人文社会の書籍を発行する出版社の集まりです。年に1回か2回、会員社がテーマを決めてフェア用の選書をしています。私は「NR」や「平和の棚」では冊子にたびたび原稿を載せていただきました。

人文科学書、社会科学書版元は、私が若い頃は見るからに〝野獣系〟おじさんたちが営業しておられましたが、最近は女性営業さんが多く、男性も〝さわやか系〟になっています。

2007（平成19）年1月、私は「京阪神・三都版元真剣勝負!!」を開催しました。これをきっかけに京都の「編集グループ〈SURE〉」、大阪の「編集工房ノア」、神戸の「みずのわ出版」を1本の棚に集めました。隣に〈本の本〉コーナー――出版・印刷・図書館・装幀・古本エッセイ・書店関係者などの本――を持ってきました。この本棚の隣に海文堂書店の古いブックカバーを展示していました。海文堂書店の歴史の一端をお見せするためです。このゾーンはファンを摑めていたと思っています。確実に海文堂の〝顔〟のひとつになっていました。

SUREは本屋取引がごく僅かで、同社のウエブページでも取り扱い書店の記載がありません。鶴見俊輔はじめ著者と深いつながりを持っていて、良い本を出版しています。新刊は必ず平積みか面陳にしました。

編集工房ノアは関西文学・詩集の出版社で、取次から仕入れることができますが、ISBNコードのない本もあります。コードがないと流通に時間がかかりますし、本屋は返品できないのではないかと考えてしまい、販売する本屋はごくわずかになります。しかし、ノアの本には神戸の作家の本もたくさんあります。海文堂書店はノアの本を売り続けました。ノアでは年1回、目録兼PR誌『海鳴り』を発行しています。読みでがあるこの冊子の配布も嬉しいことでありました。

書店誌の血脈

私は2004（平成16）年5月から手書きのお客さん向け新刊案内『人文社会から』と『ビジネス書ニュース』を週刊でそれぞれの棚の目立つ場所に貼り出しました。面白がってくれる人がいました。

2009（平成21）年4月に2つを統合して『週刊奥の院』（冗談まじりに、店舗の奥にある人文社会の棚を私が勝手にそう名づけました）に衣替えし、あっちこっちにファクスで送りつけました。人文社会とはまったく無関係の官能小説や恋愛小説の描写を取り上げたコラム「もっと奥まで〜」を喜んでくれる変人もいました。

同年5月にアカヘル北村がブログを開設すると言い出しました。他店と比べ遅きに失したとはいえ、若い人のすることは応援しなければなりません。私は手書きを続けるつもりでしたので、それを提供してあとは任せようと考えていました。アカヘルは、全員が情報を発信しましょうと、曜日別当番表をつくってきました。これで「ほぼ毎日更新です」と。

当初の1カ月は確かに皆順番＝ノルマを守りました。だんだんさぼる者が出てきて、言いだしっぺも放置状態でした。結局1年目を迎える頃には熊木と私が書いているだけになりました。私が紹介した本を取り上げる回数が増えて〝平野色〟が濃くなりました。ついには独占「平野日記」状態です。意地でも毎日更新することにしました。

明日本会

神戸新聞総合出版センターが毎年県内の本屋を懇親会に招待してくれます。多くのお店は経営者か夫人、もしくは店長が出席されますが、海文堂書店はどういうわけかいつも私です。エライ人たちの中に「ヒラの平野」が入るわけです。三宮ブックス時代（社長が書店組合理事長でした）から存じ上げている方々が多くいらっしゃいます。私は組合機関紙のレギュラーでしたし、神戸新聞でも書いていいました。出版センター幹部諸氏も長いつきあいですし、毎回気兼ねをせず呑んで食べておりました。

２００９（平成21）年12月のことです。この時、隅っこで出版センター営業・田中栄作、岡容子編集部長と、親睦のための呑み会の日程を話し合っておりました。隣だったか、お向かいだったかにいらしたある店の女性社長が「ウチの息子も誘うて」とおっしゃいまして……。

翌日から私は仕事そっちのけで営業さん、知り合いの書店員たちに声かけを開始しました。新聞記者、古本屋さん、詩人、〝先生〟と呼ばれる人などが集まってくれました。

２０１０（平成22）年1月20日、第1回の集まりを南京町「赤松酒店」で開催しました。ちょうど出張に来ていた東京の営業氏もいて、全部で27～28名が参加しました。回を重ねるたびに人数は増えてきました。

私が勝手に幹事になって、会の名称を「明日の本屋をテキトーに考える会」（以下「明日本」）としました。女性陣も多く、「明日本テキトーガールズ、ＡＴＧ」と命名しました。

で、何か考えながら呑んでいるのかというと、おじさんたちはただ集まって呑んでいるだけです。しかし、若い人たちはちゃんと考えます。彼らはこの出会いから新しいことを始めました。書店員座談会、共同ブックフェアなどです。

集まるきっかけがたまたま「明日本」だっただけです。「明日本」がなくても、彼らは彼らできっと始めたはずです。海文堂書店閉店後も「明日本」は続いています。

ただ、書店員が集まるのはたいへんです。どこのお店も長時間営業になり、それぞれの勤務時間を調整してもらったりしています。それでも何やかやで来てくれるのは嬉しいことです。

「激励の言葉より本を売る！」

2011（平成23）年3月11日。今だから話せることです。あの日、私は大阪で仏教書総目録刊行会が主催する映画の試写会があり、他店の書店員と参加していました。上映中に体感する地震があり2度中断して、そのときに映写室から事務所に移動すると、テレビで津波の様子が放映されていました。試写のあと、懇親会があって、その間も出版社の人たちは東京と連絡を取り合っていました。まだ、被害の大きさを知りませんでした。深夜帰宅して、妻に、「呑んだくれてる場合とちゃうで、テレビ見てみ！」と叱られて、ようやく惨状を知りました。

大災害の経験があり、「震災棚」を常備している本屋として、自分たちにできることは何だろう、と考えます。95（平成7）年1月17日の阪神淡路大震災後、被災状況、復興過程、それに地震災害についての出版物が続々と刊行されました。海文堂書店はそれらの出版物を入口階段脇のコーナーにまとめて展示販売し、「震災棚」と称していました。年々刊行数、出版社の在庫稼働点数とも減りましたが、災害の記録と記憶の継承を心がけました。２０１１（平成23）年、ここに東日本大震災の本も加わることになります。

東北に知り合いはいませんでした。当時、文芸書担当の熊木が仙台の出版社荒蝦夷《あらえみし》の本を担当していました。荒蝦夷は『仙台学』『東北知の鉱脈』など東北地方に根ざした本を出版しています。２００６（平成18）年、荒蝦夷が仙台市ゆかりの作家、高城高《こうじょうこう》の『X橋付近』を復刊したときに海文堂書店は取引を始めました。２０１０（平成22）年、同社が『仙台藩士幕末世界一周』（玉蟲左太夫著、山本三郎訳）を出版して、人文担当の私も本を注文するようになりました。

熊木は心配して状況を尋ねるとともにフェアの依頼書をファクスで送っていました。私はそのことを後で聞きました。そのファクスは受信されることはなく、当然返信もありませんでした。荒蝦夷事務所は全壊して山形市に避難していました。

土方正志代表が海文堂に電話をくれたのは、彼の記憶では6日目だそうです。私が直接受話器を取ったのか、誰かが取って私につないでくれたのか、もう覚えていません。確か彼の第一声は「エライ目に遭ってしまって……」だったと思います。被害状況を聞いているうちに、私の鋭い（?）感性は一部始終を脳内で映像化できました。彼がいま電話をくれるまでのプロセスを一瞬で理解できました。もう胸が一杯で言葉が出ませんでした。本は無事とわかったので、「じゃフェアしましょう」となりました。ただそれだけのことです。

POP書かなあきません、どうしょう、わしゃあ激励なんかせんよ……。「ガンバッテなんて言わん」と阪神淡路大震災のときにも思いました。で、「激励の言葉より本を売る！」ともう一度自分を戒めました。しかし、別の人には「ガンバロな、ファイトやで！」と言いました。

フェア開催中の4月、土方は京都で宗教学者の山折哲雄と対談する赤坂憲雄（民俗学者、東北学の提唱者。このとき東日本大震災復興構想会議委員）に同行しました。土方は赤坂の著書を出版し、赤坂が責任編集を務めた『別冊東北学』（作品社）にも携わったことから、このときも取材を兼ねて同行していました。対談終了後、京都から海文堂まで来てくれました。このときに熊木があの幻のファクス原文を手渡しました。

今も荒蝦夷の事務所に貼ってくれているそうです。その文章を私はずっとあとになって読むことができました。熊木提案のブックフェア名は「がんばれ！　荒蝦夷」となっています。微妙なところで私たちは意思の疎通がありません。

というように、「荒蝦夷フェア」は熊木がやるはずでした。海文堂スタッフたちは大地震を経験した被災者で、本屋で働いていて本の役目を知っていて、震災棚を持続してきました。だから、誰でもがすることなのでした。たまたま私が電話に出た、ただそれだけのことでした。

『ほんまに』第14号でも東日本大震災を特集することにしました。これしかないというのが編集メンバーの総意でした。当然私が中心になって原稿を集めなければなりません。書いてもらいたい人は編集会議中に決めていました。

被災地の本屋を訪問している作家・碧野圭、仙台の書店員・佐藤純子、緊急フェアを提案し現地入りもしているNR出版会・天摩くらら、海文堂からは熊木泰子、荒蝦夷の土方正志、私の考えつく最高執筆陣です。皆さん、筆に力が入り、お願いした量を大幅に超え、普段よりページ数を増やすことになりました。

その後も東日本大震災をテーマにしたブックフェア、トーク会、ポスター展などの申し入れが出版社やボランティア団体からあり、海文堂書店もこれらのイベントに積極的に参加できたのは、阪神淡路大震災以来「震災棚」を続けてきたことによるものです。

第6章　閉店まで

海文堂書店「神戸の本」の棚。左が「震災棚」(2011年８月)

「通告」

2013（平成25）年、例年どおり阪神淡路大震災イベントで始まり、関西出版人のトーク会、後藤正照と私の『海会《かいえ》』連載100回、東日本大震災フェア、白石一文《しらいしかずふみ》『快挙』（新潮社）に海文堂登場、『港町神戸鳥瞰図』販売、気仙沼手づくりブックカバー（東日本大震災で被災した旧家の蔵にあった着物の生地を利用）販売、『本屋図鑑』（本屋図鑑編集部、夏葉社）掲載……、海文堂ならではの出来事が続いていていました。

7月末、くとうてんが『ほんまに』再開を申し出てくれて、「明日本」呑み会でメンバーに執筆参加のお願いをしました。

この時点で福岡店長は経営者から閉店を通告されていたそうです。

もうひとつ、私はみずのわ出版・柳原一徳からの手紙で「取次筋から閉店情報が流れている」と知らされていました。でも、信じられませんでした。いくらなんでも経営者が従業員に伝えないことはない、と思っていました。個人的には、7月で定年の私は経営者から「継続雇用」を何度も伝えられていました。

しかし、人文関係版元の7月常備入れ替えで届いていないものがありました。8月に入ってすぐ法蔵館販売促進部長・木村恭子から電話がありました。「トーハンから常備出荷中止の案内が来ている」と言います。私はここでもまだ信じていません。私は木村に出荷をお願いしました。

8月5日、朝礼で経営者から「閉店」が従業員に通告されました。いや、正確には「通告」すらなされていません。この時、彼は何も言わずに私たちに3枚の紙を配りました。A4判2枚、A5判1枚をホッチキスで留めていました。うち1枚は再利用（裏紙）でした。9月30日までの「閉店行程」が書かれていました。

ただそれだけです。

彼の口からは、「閉店」決断にいたった理由、経営者としての思い、従業員への労い、今後の処遇、語るべきこと、伝えておかなければならないこと、経営者としての義務、何もありませんでした。後継テナントの名は出ました。

皆、うすうす感じていたことなのかもしれません。でも、私たちがわかっているのは毎日の売上が減っていることだけです。会社にいくらの借金があるのか、経営者はいくら給料を取っているのか、何も知りません。海文堂書店が店舗と同じ住所に本社を置く不動産管理会社「海文堂興産」の子会社だということは知っていましたが、グループ会社が5社（海文堂興産、海文堂出版、海文堂書店、三好野《みよしの》、海文堂産業）あることも初めて知りました。社員からは、

「これだけですか？　たったこれだけですか⁉」

の声が出ただけです。

無力感です。無念、残念というより、情けなさです。責任者が言葉にして「閉店」を説明しない、そんな会社だったのです。

「闘いますか？」

朝礼終了後そう呟いた人がいました。私は首を振りました。この会社にそんな値打ちはないと思いました。

この日、ひとり公休の者がいました。小さな規模の店です。閉店の「通告」は、最低限の礼儀として従業員全員を集めてするべきことでしょう。

その日の神戸新聞夕刊トップに「閉店」記事が掲載されました。福岡店長から平松記者に知らせて報道してもらったのでしょう。同紙のウエブニュースで一気に広がりました。電話で真偽を確かめる方、来店される方、ツイッター、反響の大きさに私たちの方がびっくりしました。

法藏館に一番に電話をして、事情を説明し出荷中止をお願いしました。みずのわ出版の柳原一徳にも電話しました。

その夕刻、夏葉社・島田潤一郎から電話がありました。出たのは私です。7月新刊の『本屋図鑑』に掲載してもらったばかりなのです。申し訳なく情けなく、謝るのみです。

「棚の写真を撮らせてほしい」

彼が今できることを考えてくれたうえでの申し出でした。

断る理由はありません。ただありがたく。

なくなってしまうものはなくなってしまいます。私たちもあきらめました。働く者として何の権利も主張せず、交渉もせず、ただただおとなしく引き下がりました。それなのに、部外者の島田潤一郎が彼のできることで「海文堂」を残そうと動いてくれました。

この日、神戸新聞ブッククラブ主催で、映画『少年H』の試写会があり、私が出席する予定でしたが、他の人に行ってもらいました。映画を楽しむ気にはなれませんでした。

2日後、島田潤一郎がカメラマンのキッチンミノルと共に来てくれました。キッチンミノルは10日後にもう一度来てくれました。

一方、みずのわ出版の柳原一徳からは、「記憶を残すことより優先すべきことがある」という意見がありました。「文化云々よりも雇用が大事」ということです。そのとおりですが、経営者からは再就職斡旋の話はありません。

PR紙『海会』は通常毎月1日から配布していました。8月はいつもより遅いとは思っていました。そこにはご丁寧に次のテナント名も書かれてありました。

しかし、連載コラムでは当然〝閉店〟には触れていません。連載寄稿者の千鳥足純生＝野村恒彦は、常々「このコラムの最後の本は決めている」と言っていました。毎回情熱を込めて書いていました。その最後の原稿を書けないのは悔いが残ります。私だって駄文を締めくくりたいです。経営者の「閉店告知」が載っているのに、執筆者や店舗現場が閉店について語っていません。編集協力のくとうてんが発行を了承（諸経費すべてを負担）してくれ、野村が編集長を買って出て、縁ある方たちに寄稿を求めました。9月に本当の「最終号」を出すことができました。

その日までの日記

ここからは私がブログ「海文堂書店日記」に書いたものを抜粋、改稿して記していきます（この項のみ「一部敬称あり」となります）。

8月5日　月曜

タイムカード横に、「朝礼時、新刊紹介なし」の貼り紙。イヤな予感。

「9・30をもって閉店」の通告。紙切れ3枚。事務上の文言だけ。「これだけか〜?」。

紙切れには閉店までのスケジュールが記されている。改装後、建物に入るテナントも決定している。何もかもがとっくの昔に決まってしまっている。

情けない話。涙も出ん。

神戸新聞夕刊第一面記事で報道あるのは、福岡店長が伝えたからでしょう。平松記者が社長にインタビュー来店。

閉店ニュース、ネット上で広がる。サンテレビ（神戸の地元テレビ局）でも。他の新聞社からも取材、店長がかかりっきり。

夕方から電話鳴りっぱなし。出版社から、顧客から……。メールも。もちろん店頭でも。

店内で記者がお客さんにインタビュー。

帰宅して、妻に報告。娘にも報告。

8月6日　火曜

8・5の「通告」を受けて、ブログに次のお知らせを書く。
《お知らせ
既にご存知とは思います。
海文堂書店は本年9月30日をもって閉店することが決まりました。

我々ヒラは5日朝礼時に紙切れ3枚で通告されました。だいぶ前に決定済みのことだったようです。

取引先及び顧客の皆様には5日よりお知らせしています。9日にホームページとPR紙「海会」にて正式にお知らせすることになります。

多くの皆さまからお電話、メールを頂戴しています。新聞社の取材も続いています。

長い間のご愛顧に感謝いたします。

閉店の日までこれまで通り営業いたします。

当ブログもできる限り続けます》

朝礼は私の当番。

「眠れなかった方もいるでしょう……もっといい話で騒がれたかった」

閉店に向けて進むしかない。

電話、来店、メール続々。

顧客島田さん、

「できることないか？　座りこもか？」

丁重にお断りした。

姫路から来られたという社長さん、「あとはどうなるのか？　未定なら買いたい」と。

決定済みです。

久しぶりに神戸に来て古本屋さんで聞いてきたという方、

「これだけ本を揃えていて閉店するのは悔しいやろな」

お客さん多数、売り上げも5〜6年前の数字。閉店セール？

8月7日　水曜
目覚めて、「悪い夢見たな」と思ったけど、やっぱり夢とちゃうかった。

住吉のおじいちゃん、

「ワシ、来るとこなくなるやん」

14時、夏葉社島田さんとカメラマン・キッチンミノルさん来店。店内を閉店後まで撮影。

神戸新聞朝刊コラム「正平調《せいへいちょう》」で取り上げてくれている。

8月8日　木曜
休み。掃除だけで汗だく。
明日（9日）ウエブと『海会』で海文堂興産株式会社代表取締役岡田節夫名で対外的な正式発表あり。

8月9日　金曜

「直」仕入れ、精算依頼をあちこちに。

「下町レトロ」に電話したら、伊藤由紀さんと山下香さん、それにトンカ（頓花恵）さんが昨日上京して海文堂出版に陳情。海文堂書店の存続を訴えてくださったそう。感謝します。でもね、ごめんね。

夏葉社島田さん、先日の写真を本にしてくださるそう。8月中に再度撮影に。閉店までに出版。感謝します。

『本の雑誌』が最終日「密着取材」してくれるそう。ライターはよく知る人、青山ゆみこさん。絶対私泣く。

「みずのわ」一徳、神戸の本屋資料として、海文堂書店のカバーなど再度撮影したいとの連絡。

文芸担当・熊木泰子が最終フェア企画。「私の好きな本」。ワテは8冊選書せよと命令された。

ある人文系出版社の営業さん、閉店のことをご存知なかった、というのも「ちょいとおかしいんじゃないの！」とは思う。「人文書を長く売ってもらえる本屋、なくなる」と言うてくれはった。

本日ウエブと『海会』で閉店の挨拶あり。お客さんや取引先はこの文章で納得されるだろうか？　あれ、ウエブ、お昼は確かにアップされていたのだが、消えている。

8月10日　土曜

10日朝、ウエブに「閉店告知」再度アップされていた。

郷土史誌『歴史と神戸』最終納品。海文堂書店だけで販売していた。この雑誌を売る場所もなくなる。

近所の老舗社長が昨日から何度も来店。「なくなんのん？」と繰り返しお聞きになる。

NR出版会加盟出版社有志が9月来店してくださると連絡。大宴会必至。

鳥瞰図絵師・青山大介さん、海文堂書店の鳥瞰図作成決定。

8月11日　日曜

リブロの釘嶋美奈子さん帰省中で来店。リブロでも大騒ぎだったそう。ほんまにお騒がせ。

お客さんの「残念、寂しい、悲しい……」の感想はたくさん聞くが、今日は「腰抜けるわ〜」。

神戸人で現在高知在住の女性、ニュースを見て来てくださった。

「なくなるのねえ？　神戸の宝なのにね」

とおっしゃってくださったご婦人。ありがたい言葉だけど、これは言い過ぎ。

鳥瞰図絵師、本日より始動。

建築雑誌バックナンバー38冊も買ってくださる近所のご主人、台車ご持参。

皆さん、ありがとうございます。

「直」仕入れの版元については8月末で販売を終了する。その旨掲示。各社への精算を効率化するため。みずのわ、SURE、トランスビュー、ミシマ社、それに荒蝦夷も。

海文堂書店が海文堂書店でなくなっていく。

8月12日　月曜

東方出版営業部長・稲川博久さん、「飲みに行くで」のお誘い。

未來社・営業の水谷幹夫さんとようやく連絡できた。みすず書房営業の能登健《たけし》さんが訪問。人文書を海文堂書店が驚くほど販売しているわけではないけれど、お二人と話していて思った。かつて町の小さな本屋さんが次々廃業して雑誌の定期購読が激減した。続いて

「人文」「文学」「芸術」などの分野をコツコツ売る本屋がなくなっていく……。

長く高校の先生を務めたお客さん、閉店のことを本日お買い上げ後に『海会』で知って、引き返して来られた。この先生は海文堂書店の典型的なお客さん。今後どこで本をお買いになるのだろう。

広島から来られた方、「どうも長い間ありがとうございました。もう閉店までに来ることができません……」。

できるだけ平常通りの接客を努めたいと思う。

退社後、友人が今後について進言してくれるが、まだそこまで考えられない。

8月13日　火曜

現代書館営業・金岩宏二さん、帰省途中えらい遠回りで訪問。

「海文堂書店に来なければご先祖様にお参りできない」

8月14日　水曜

大垣書店本部の平野篤さんが来てくれる。私、「あんたとこが店（海文堂書店から徒歩10分強の神戸ハーバーランドumie店）出すからつぶれんねん（笑）！」。

おみやげをいただく。ありがとう。

8月15日　木曜

お盆休みで皆の休みが重なり（いままでこんなことなかったのに）、私出勤。

顧客島田さん、拙著『本屋の眼』（みずのわ出版、2006年）を買ってくれる、確か3冊目。海文堂書店ファンで、カバーや袋を保存しているとのこと。

鳥瞰図絵師、測量チェックに。

荒蝦夷の土方正志さんより電話、月末来神。

8月16日　金曜

代休合わせて本日より3連休。

8月19日　月曜

開店してすぐ、北村が芸能棚「落語本」の上にレモンを発見。粋なお客？　単なる忘れ物？　「丸善」にレモンは似合うだろうが、海文堂書店には似合わん。海文堂書店なら何だ？

新潮社営業・後藤結美さん訪問。ああそうだった、もう美しい営業さんとも会えなくなるのだ～(悲)。

神戸出身の若い営業さん、帰省ついでに訪問。吉祥寺のBOOKSルーエの花本武さんにぜひ行くよう勧められたそう。もっと前から来てんか～。

海文堂書店閉店について、あるブログが勝手に分析してくださっている。当事者ではないので、すべて推論。お考えを述べるのは自由だが、特定の人や取引先の実名を出すのはご遠慮いただきたい。閉店の責任はすべて海文堂書店。

8月20日　火曜

お客さんのお話。

「中学生の時ここでガリ版刷りの入試問題集買って勉強した。そこから3問も出た。社会人になって(昇進?)試験でもここで買った本から出た」

妙齢の女性。

「さびしいわ、さびしいわ、さびしいわ……」

お客さんそれぞれに思い出がある。

新刊案内のファクスは相変わらずたくさん来る。でもね、もう9月中旬以降の本は注文できない。海文堂書店に未来はない!

ふだんなら絶対平積みするであろう、ロミ著『三面記事の歴史』（土屋和之訳、国書刊行会、9月下旬刊）の案内。捨てられない。私はこの本をどこで買うのだろう？　ひょっとして、私にも未来はないということか？

8月21日　水曜

常連島田さん、「俺はレジ回りとかレジ前の平台は興味ないからどこの本屋でも無視するけど、ここはちゃうな。初めてじっくり見た」。私、思わずタメ口で「今頃何言うてまんねん！」。

おいでになるたびに「やめんのん？」と尋ねるご近所老舗社長、今日は電話で、「あんたとこやめんねんてなあ？」。この方は経営者の幼なじみ、直接彼に言うてほしかった。

お客さん、「こういう本を探す楽しみがなくなる」と買ってくださったのは、京都恵文社一乗寺店店長・堀部篤史さんの本。

吉祥寺BOOKSルーエの花本さんからメール。9月に来てくださるそう。

皆さんありがとう。

8月22日　木曜

妻の友人の娘さんが帰省して海文堂書店に来てくれたそう。「店の人とお客さんが漫才してた」というご感想。ワテ、ちゃいまっせ。店長でっせ。

妻、職場の同僚が海文堂書店閉店「激励会」をしてくれると言うて呑み会。妻を激励してどうすんねん！　ワテを激励しておくれ！

8月23日　金曜

常連の佐藤さん、「これからどこで買え、言うねん！」。怒ってはる。

海文堂書店写真集決定。『海文堂書店の8月7日と8月17日』（写真・キッチンミノル、夏葉社、1300円＋税）、9月21日発売。

8月24日　土曜

ご年配の男性、「震災前は月に6回、ここに来ていた」。被災されて遠くに移られたのでしょう。

「長い間、ご苦労さま。どうぞ、つつがなく」

丁寧なご挨拶に恐縮。

「こちらこそ、ありがとうございます」

8月25日　日曜

久々の大雨。多少のお湿りならいいのだが、電車ダイヤがズタズタ。

私よりずっとずっと古くから海文堂書店をご存知のお客さん、「さみしいわあ、かなしいわあ」。

昨日『本屋図鑑』に「住所印を押してください」とご要望の方。既に回られた本屋の印がありました。今日は「番線印と日付とサイン」を求める方。お主、業界人か？

我ながらビックリ。『本屋の眼』が5冊も売れた。

顧客初川さんから「閉店」を心配してくださって自宅に電話。前の職場からのお客さん。

「朝日」書評欄の「扉」（大上《おおうえ》朝美《ともみ》）

《(移り住んだ町で地域の中核だった老舗書店がなくなってきた)

神戸・元町にある海文堂書店も、来年の100周年を前に9月末で閉店するとか。そこで買うのがうれしくなるような海の本が充実し、名前の通り明るく開かれた雰囲気の店でした。寂しいです》

ありがとうございます。

8月26日　月曜
「朝日歌壇」に海文堂書店のこと？
《四年間暮らした街のまんなかに海と名の付く本屋があった（神戸市・山尾さん）》
「朝日」夕刊に「さよなら　ミナトの本屋さん」記事。
月に2回くらい来てくださるご老体。70数年にわたるお客さん。
「中学生の時から来てる。ここと宝文館だけが入れてくれた。本屋でも百貨店でも中学生だけやったら入れてくれへん」
荒蝦夷・土方さんがやって来た。土方さん『ちくま』連載で、海文堂書店のことを書いてくれるらしい。10月号を待とう、あっもう入荷しないのだった！

8月27日　火曜
某新聞社の入社試験の一環で青年が飛び込み取材。「こちらが閉店と聞いて来ました。お話を」。幹部がいないので、頼りない私がお話。

8月28日　水曜
夜、みずのわ出版・一徳社主、店長と3人での久々「赤松」。

27日、神戸新聞夕刊の「本屋の日記」はアカヘル担当最終回。「レモン事件」他。

「自分の好きな本について書くことは、売ることと同様に、難しくも楽しい仕事でした」

成田一徹・切り絵個展『新・神戸の残り香』チラシ出来。9・21（土）～9・27（金）

2階ギャラリースペース。海文堂書店最終最後のイベント。

室井まさね著『漫画 うんちく書店』（メディアファクトリー新書）に海文堂書店のことが。「第
8話　お探しの本はここにあります」の81ページにヒトコマ。

《――そして海と船の本を探すなら神戸・元町の「海文堂書店」

ここは海事専門出版社「海文堂出版」の出店でインディーズ本も多彩だ！》

ありがとうございます。でもね、もうすぐ消えます。

『ほんまに』のファンで復活を待ってくださっていたご老体。

「シベリアから帰ってきてからずっと通っている」

常連のご婦人。

「ほんまにやめるのん！　なんでよー、なんで、なんで……」

怒りと悲しみ。まるで男女別れの修羅場。ごめんなさい。

8月29日　木曜

くとうてんの石阪吾郎（ゴローちゃん）が集めてくれるツィッターの「つぶやき」にいつも泣いてしまう。

海文堂書店のOBから、「資料が散逸しないうちに集めておかないと……」の助言。

8月30日　金曜

「直」仕入れ版元の返品準備。辛い。この土日で全部売れてくれたら、と甘い願望。

外商早川が、海文堂書店の昔のPR誌などを放出してくれる。ありがとう。あるところにはある。

8月31日　土曜

休み。

OBから「資料」提供のお申し出。ありがたいこと。

文芸熊木の最後のフェア「いっそこの際、好きな本ばっかり！」のPOPつくり、私は苦手。いつもイイ加減だが、とくにエエ加減にやっつける（大きな声では言えないが、私は別に〝ウラ版・私の好きな本〟を並べる）。

夕方店に行く。夏葉社さんが出してくれる写真集について朝日新聞取材。

9月1日　日曜

ＯＢから海文堂資料の情報が寄せられている。ご協力に感謝。

本日をもちまして、平野担当、直仕入れ出版社の本が海文堂書店からなくなります。みずのわ出版、編集グループSURE、トランスビュー、ミシマ社、荒蝦夷、ディスカヴァー・トゥエンティワン、日本経営合理化協会。出版社の皆さま、たいへんお世話になりました。ご購読いただいた皆さま、ありがとうございます。

ウエブ、最後の更新。千鳥足純生「本の生一本」、私「本屋の眼」で読者の皆さまにご挨拶。

9月2日　月曜

担当の直仕入れ出版社の本返品作業。またいつか、私の手で並べることができるように、と思う。

そのひとつ「荒蝦夷」土方さんより電話。8月31日リブロ池袋本店で仙台出版社2名のトークショー。ブックフェア「東北〈可能性としてのフロンティア〉」のイベント。途中から海文堂書店の話をしてくださったそう。ありがとう。

『本の雑誌』が海文堂書店最終日をレポートしてくださることはお知らせずみ。担当編集

てを任せよう。

者140B・青山さん、準備のため来店。海文堂書店の最期を看取ってくださる方。すべ

徳間書店大阪営業所の山内啓子《けいこ》さんがわざわざ客注品を持って来てくださる。雨の中、10冊も。児童書・田中智美とともに恐縮、御礼。

山内さん、「こちらは数字とかお金とかで代えられないお店ですのに。残念です……」。私、このお言葉だけで成仏できます。

各スタッフにお客さんや営業担当者から閉店についてのお便りがきています。ありがとうございます。

以前に紹介した、友人の娘さんの「来店時にお客さんと店の人間が漫才していた」という話。実は、店長でも私でもなかった。以下、友人からのメール。

《娘が言っておりました。

「オッチャンと違う、女の人！　お客さんと漫才してたのは女の店員さん！」

なんとまあ、ボケ・ツッコミ率の高い本屋でありましょうや！》

9月3日　火曜

文芸熊木のフェア「いっそこの際、好きな本ばっかり！」、読売新聞で紹介してくれた。

夏葉社島田さんより、写真集のキャプションの確認。いよいよ入稿。

雨の中、多くの方がお別れに。

お孫さんのために月刊絵本定期購読の方。お役に立てずごめんなさい。

よくお問い合わせをしてくださる方の言葉、「これからも本に関わるお仕事を……」。

いつの間にか友だちみたいにお話をするようになった方、「またどこかで会いましょうね……」。

『海会』ほんまの最終回配布開始。

9月4日　水曜

『海文堂書店の8月7日と8月17日』(夏葉社)の表紙が決定。21日に入荷します。

今日は常連男性客とお話。

住吉のおじいちゃんが差し入れをくださる。いつもは和菓子だが、今日は阪急御影の洋菓子。ありがとうございます。

友人に出す葉書を見せてくれた方あり。海文堂書店閉店ニュースの4、5日前に、海文堂書店がゴルフショップに変わっているのを夢で見たそう。2階には本があると聞いて階段を上がるがぬかるみ……。

「笑って読んで」とおっしゃいましたが、当たっています。

「元町から丸善がなくなり、不二家がなくなり、明治屋がなくなり、ほんで海文堂かいな。次は○○やろな……」

(私)「そんなことおっしゃらずに」

「そんだけ神戸が衰退してるいうことや……」

「あんたはスポンサーみつけて本屋するんやろ?」

という人あり。どこにもそんなスッポンはおらん!

44年雑誌購読せし人の感謝の言葉に礼をするのみ。

広島からお見えの方。たくさん買ってくださったうえに、『海文堂書店の8月7日と8月17日』を予約くださる。

大雨で人は少ないのに、店頭の写真を撮って行かれる人多数。

雨の中、神戸新聞総合出版センター田中栄作さん、注文品直納。

皆さん、ありがとう。

9月5日　木曜

休みで家事。

神保町・東京堂の『本屋の眼』面陳写真がきた。東京堂の皆さん、ありがとうございます。そやけど、『ベストセラーの世界史』と並べるのは冗談きつ過ぎ。

9月6日　金曜

書店員の仙台ロフ子さん、遠路はるばる。高速バス弾丸ツアー、事故の影響で短い滞在時間がさらに短くなってしまった。分刻み（?）のスケジュールで、海文堂書店滞在時間は1時間ほど。

本日は遠くからのお客さん多く、ロフ子さんも知り合いの古書ますく堂さんが東京から。『離島の本屋』刊行元の「ころから」木瀬貴吉さんも。

ロフ子さん、お友だちのところも回って、夕方有志とお茶して帰路に。

朝日新聞（大阪版）夕刊に、夏葉社『海文堂書店の8月7日と8月17日』の紹介記事。「東京の出版経営者、恩返しの写真集」。21日に入荷します。

9月7日　土曜

朝から雨なのに、お客さん多数。皆さんカバーご希望。

朝日新聞・石川達也記者、従業員とお客さんに取材。熱心。

『離島の本屋』(ころから)売り切れ。トランスビュー経由の直取引のため既に仕入れストップ。ごめんなさい。同じく、トランスビュー扱いサウダージ・ブックスから新刊案内。『瀬戸内海のスケッチ　黒島伝治《でんじ》作品集』『二人』のうらに　尾崎放哉《ほうさい》の島へ』。

どちらも海文堂書店で売りたかった。仕入れできない本屋。

お天気すっきりしないのに、大勢のお客さん。ありがたいことだが、複雑な気分。「閉店バブル」。

9月8日　日曜

朝、雨で今日はヒマかなと思っていたら、昼過ぎからお客さんがいっぱい。遠方からの方も多い。新聞のおかげで海文堂書店写真集予約も。

もう平台ガタガタ。

9月9日　月曜

フェア「いっそこの際、好きな本ばっかり！」について取材。熊木にまわす。

営業さんが何人もお見えだが、ご挨拶のみ、本の紹介はない。

小学館『ビッグコミックスペリオール』編集部より荷物。店長宛で留まっていた。中身は同誌連載・内澤旬子サマの「この人を見よ」付録「立版古《たてばんこ》」。旬子サマと編集者が切って貼ってしてくれたもの。感涙。感謝。私、旬子サマの本は毎回紹介しているが、やっと振り向いてくださった。でもね、海文堂書店は閉店廃業。人生とは儚いもの……。持って帰って家宝にする。

9月10日　火曜

出勤途中、喫茶店のマスターに声をかけられる。

「もうすぐやね」

優しい声に、はからずも絶句してしまう。

バイト君OBも訪ねてくれる。

前の本屋から知り合いのお客さん、「二度目やな」と気の毒がってくれる。

時々覗いてくれる同級生も。「あんたは打たれ強いから」。

船の修繕をしてはったというご老体。「ここで仕事の本買うて、勉強したんや」。小柄ながら腕の筋肉と大きな手がその経歴を物語っている。

相変わらず電話営業あり。「月末で閉店」と言うとあっさり切りはる。

お知らせです。2階の「港町グッズ」（雑貨、文具、絵葉書など）の販売は23日をもって終了いたします。

9月11日　水曜

顧客で、いつも楽しくお話ししてくれるご老体。今日は怒ってはる。

「わし、義憤を感じる。ここがわしの体質におうてんねん。どこで買え言うねん！」

ごもっともです。

吉祥寺BOOKSルーエの花本さん、人気美女作家と共に来店。店内をスケッチして、フリーペーパーを作成してくれるそう（本書140ページに、その店内図を収録）。ありがとうございます。作家さんにサインもらった。

9月12日　木曜

午前中、知人のお見舞い。垂水なので、文進堂書店店長・逢坂肇さんの顔を見に。

さすが、筒井康隆御用達の本屋。サイン本ゲット。

9月13日　金曜

訂正します。2階「港町グッズ」は最終日まで販売します。よろしくお願いします。

作家・碧野圭さん、無理やり神戸に用事を作って来店。観光もしたいと買ったガイドブックに海文堂書店が1ページ。

《神戸らしさピカイチの総合書店》

碧野さんいわく、

「そういう本屋が神戸からなくなってしまうのだよ」

碧野さんの知り合いの書店員さんが何人も海文堂書店を訪問してくださっているそう。どうぞお名乗りくださいな。

アカヘルら若手書店員たちの「10年後、本屋でメシが食えるのか」から3年しか経っていない。この時に業界は気づくべきだったと、新泉社の安喜健人《たけひと》さん。

9月14日　土曜

13日から神戸新聞に「海よ、さらば」連載開始、全3回。「ちょっといい話」風になってしまうのは仕方ないのか？

9月15日　日曜

碧野圭さんの言葉（要旨）。

「海文堂書店の歴史、醸し出す雰囲気は、作り直すことはできない。場所を代えて再開したとしても、それはできない。ここにあるからこそ海文堂なのだ。それがなくなってしまうんだよ」

9月16日　月曜

鳥瞰図絵師・青山の海文堂書店鳥瞰図、完成間近。
店内撮影してくれたお客さん、私が写っている分を現像してくれました。
皆さん、ありがとう。

9月17日　火曜

週末からの台風でも、「閉店バブル」は冷めず。これだけのお客さんを掘り起こせなかったことが今更ながら残念。
お知らせ。
1　単行本用の白いカバーが残り僅かです。最後の日までもちそうもありません。お買い上げの本にはカバーをしますが、「記念に1枚」にはお応えできません。ご了承ください。
2　雑誌と新刊配本は20日が最終日です。注文品は月末まで入荷します。

9月18日　水曜

中島らも夫人・美代子さんとさなえちゃんがわざわざご来店。作業場にいたら「中島さまがお見え」と聞こえたので、常連で同姓の学者さんだと思って聞き流していた（おいおい、どなた様もお出迎えせんかい！）。案内カウンターに行くとさなえちゃんが微笑んでおられた。お忙しいのにありがたいこと。

夜、ＯＢ小林良宣さんと関西出版会のドン・川口正（元出版社営業マン。毎月メールで「関西業界トピックス」を発信している）さんと一杯。本屋関係の資料を提供してくださる。

お知らせ。

単行本用の白ブックカバーにつきまして、再度のお願いとおことわりです。昨日はお買い上げの本のみとお伝えしましたが、いよいよ底をついてきました。本日より、おひとりに１枚しかカバーをおつけできません。複数冊お買い上げの皆さまには申し訳ありません。

9月19日　木曜

休みで用事のついでに、ちょいと作業場を覗く。注文品がそこそこ。今日の入荷分が主なものの最後かな。

元・定時制高校の先生で今も同和教育・識字教室で活動されている登尾明彦さんの個人通信『パンの木』289号で海文堂書店のこと。

《神戸元町の海文堂書店で『海会』第121号をもらって、いつものように萬兵衛コオヒイを飲みながら、平野義昌さんの「本屋の眼」を真っ先に読み、裏を返して、というより表の頁を見ると、「海文堂書店は、二〇一三年九月三〇日をもちまして閉店させていただきます」の挨拶文。何だこれは。冗談かなと思って、何度も読み返して、付け足された文言を反芻するうち、偽りの記事ではないようなので、すぐに海文堂に取って返した。折りよく平野さんを見かけたので訊ねると、えらいことになってましてねえ、と悲痛な顔で応対された。福岡店長にも出会ってと思ったが忍びず、顔を合わさずに店を出た。もうどうしようもなくて、金時食堂で一杯引っ掻けてから、阪神電車に乗った。(後略)》

登尾さんの著書を常備していること、さまざまなイベントで多くの人に出会えたこと、髙田郁さんの本を読むようになったことなど、海文堂書店とのエピソードを書いてくださっている。

9月20日　金曜

書籍の新刊配本と雑誌入荷最終日。明日からは注文品のみとなった。

平野担当のフェア、最後の2つ。

1　平凡社在庫僅少本

2「いっそこの際　好きな本　うらばん　奥の院より観音様がいでましてー」。花房観音、うかみ綾乃、他。

午前中は岡崎武志さん来店。午後はグレゴリ青山さん。ありがとうございます。『海文堂書店の8月7日と8月17日』(夏葉社)、お知らせより1日早く入荷。おかげで、ご両人に買っていただけた。

営業マンさんが大勢訪問。皆、もう注文を取れない。本を買ってくださる。

一人だけ営業したのは法藏館の木村さん。テレビで紹介された本を「直送しますやん」。しっかり者。最後まで売れ！　と言いよる。

9月21日　土曜

林哲夫さん来店。個展のご案内をいただく。

今日もたくさんの営業職の方々がお別れに。仕事抜きで来てくださる。日販の昔の担当さんも赴任地からわざわざ。

成田さんの展覧会も大盛況。

海文堂書店写真集もすごい勢いで買っていただいている。追加せねば。しっかし、「閉店」が本になるなんて。

前の店からのお客さん、端さんはポートアイランドから来てくれる。「大きいとこはイヤ、はよ次の本屋に〜」。と、わがままを。

9月22日　日曜

忙しい。ブックカバーはないし、両替金は足らないし。こんなこと、お上はわからん。田中があちこちのお店に頼んで手配してくれる。

そんでね、海文堂書店にたくさんの皆さんに来ていただけることが私たちには今ひとつ理解できていないんです。ひょっとして、「聖地」？

神戸新聞書評欄で、髙田郁さんが『海文堂書店の8月7日と8月17日』を紹介してくださった。

《神戸元町に海文堂書店は在る。今日、この日、確かに在る。（中略）

写真集に収められた一葉、一葉を慈しみ、撫《な》でさすりながら、私は思う。神戸元町に海文堂は必要だ、本を愛する全てのひとのために、海文堂書店は必要なのだ、と。時代の流れを止めることも、決定を覆すことも出来ないけれど、せめて、記憶に刻んでほしい。元町のあの場所に、確かに海文堂は在る。今、在る。そして10月より先には、この書店を愛してやまないひとびとの、それぞれの胸の中に永遠に在り続ける》

写真集、たくさんの方にお買いいただいています。ありがとうございます。

9月23日　月曜

休みで、妻の実家の墓参り。夕方から店に。混んではいるが、土・日ほどでもなく。しばらくカウンター内に。

写真集が品切れ寸前で、水曜日に再入荷予定。

年配のお客さんが、「大変でしょうが、お体に気をつけて」と労ってくださる。

9月24日　火曜

平日でも「バブル」変わらず。「写真集」は売り切れ。25日再入荷します。

仙台ロフ子さんの「女のひとり飯」（ミシマ社ウエブ「月刊ミシマガジン」）第6回「神戸の夜は車窓めし」。熊木をべっぴんに、平野をクールに描いてくれてありがとう。また会いましょう。

9月25日　水曜

朝日新聞神戸版で連載開始。《消える灯火　海文堂書店閉店》（全4回予定）。鳥瞰図絵師・青山大介による『海文堂書店絵図』が、28日から30日まで海文堂書店で販売されます。他に、『ほんまに』バックナンバー、荒蝦夷の本も並びます。

何冊も買ってくださった見目麗しき方、『本屋図鑑』を出されて私にサインせよと仰せ。見ると、見たことある名前が数名、すでにサインされている。誰とは言わないが、吉祥寺の花本さんは失敗して書き直しておる。「おい、こら、人様のご本をなんと心得おるか！」。私が代わりにお詫びして、おまけをお渡ししておいた。

昨日のこと。夕方の休憩でイスに座ってボーっとしていたら、中央カウンター担当の吉井幸子が、

「魂抜けたみたいですよ」

わては、真っ白になった「ジョー」か？

9月26日　木曜

休み。

夕方から三宮。欲しい本がある。ジュンク堂に。まだ出ていなかった。お客の太田さん

と遭遇。なんか恥ずかしい。

9月27日　金曜

朝日新聞連載《消える灯火　1・17感じた本の力》。

バイト君OB・OG、営業さんが何人も。トーハンの人たち。女子の古本屋さん。

児童書の顧客さん、『本屋の眼』お買い上げでサイン。恥ずかしがりながらも堂々とサイン。

NR出版会から海文堂書店写真集大量注文。明日発売の海文堂書店鳥瞰図も注文。

荒蝦夷から『ちくま』届く。土方代表が海文堂書店との関わりを書いてくれている。

『「本屋」は死なない』の石橋毅史さん来店。

京都の「観音様」=花房観音さんからお葉書。

皆さんありがとうございます。

28日から30日、くとうてんと荒蝦夷のコーナーがレジ横に出店。『ほんまに』バックナンバー、『港町神戸鳥瞰図』、『海文堂書店絵図』、『仙台学』、『仙台ぐらし』（伊坂幸太郎サイン入り）などなど。くとうてんの全社員が販売のお手伝いに。ありがとう。

9月29日　日曜

妻に100円玉をあちこちからかき集めてもらう。古書波止場さん、近所のジャパンブックスさんも助けてくださった。ありがとうございます。

『海文堂書店絵図』を見ている。「海文堂ありがとう!!　WE LOVE KAIBUNDO」の文字を発見。函入り（630円税込）は売り切れました。袋入り（525円税込）のみになります。

閉店放送の後、お客さんたちが店の前で「海文堂コール」、「ありがとう」の声援。シャッターが閉まるまでいてくださいました。こちらこそ感謝いたします。

9月30日　月曜

閉店が迫ってきたある日の朝礼で、経営者が「くれぐれも派手なことはせぬように。静かに閉店したい。商店街にも迷惑がかかる……」と言いました。30日当日、彼は、「今日は皆さんが主役、お客さまとお別れを」と言いました。また、「65年間ありがとう」とも言いました。私は65年とは何を指すのだろう、と考えました。「海文堂創業99年」ではなく、「株式会社海文堂」になった1948（昭和23）年からなら65年になります。

今日は140Bの青山ゆみこが密着取材してくれます。主要新聞社の記者たちもほぼ一日中いてくれました。あちこちでインタビューや写真撮影です。

従業員は全員出勤していました。バイト君も入れる時間から全員が出勤してくれました。レジは終日列になりました。海文堂のレジスターは1階2階各1台です。この日までよく働いてくれました。8月から土・日は大混雑でした。レジカウンターには通常2〜3名しか配置していませんが、5名6名入ってお客さんをお迎えしました。

文庫カバーはいくら折っても足りません。つり銭は不足します。クレジットカードの用紙がなくなって図書カードの用紙を代用しました。レジは大混雑です。スタッフ皆、心なしか殺気立って見えます。

顔見知りのお客さん方、営業さん、地元の作家、次々に来店されます。特に田中のところにはお客さん・ファンの皆さんがいらして、彼女は泣いたり笑ったり、大忙しです。

夏葉社・島田がキッチンミノルとともに遠路はるばる来てくれました。写真集、在庫あるだけ持って来てくれました。これでよその本屋さんでは販売できなくなりました。

夕方になるといっそう混雑、レジの列もどんどん長くなります。お客さん一人ひとりの購買冊数が多く、なかなかレジの順番が進みません。それでもどなたも不平・不満をおっしゃいません。

「2階レジが比較的流れが速いです」

と誘導しますが、ほとんどの方がじっと待ってくださいます。

海文堂にほぼ毎日来てくれていた内海知香子（兵庫県映画センター勤務）、夏葉社・島田が「最後尾」のパネルを持って案内してくれています。

福岡がお詫びのマイク放送をします。海文堂のマイクは中央カウンターにあります。普段、福岡はこのマイクでイベントを随時お知らせしていました。かつて島田誠も社長時代に、このマイクでギャラリーの案内をしていました。客として私も聞いたことがあります。

「ただいまかいぶんどうぎゃらりーでは……」

と低音を響かせていました。

その伝統（？）を引き継いだか、福岡はたいへん丁寧な案内文を作成していました。カウンター当番の女子にも読んでもらっていました。丁寧すぎて読み辛いものでしたが、彼女たちは見事によどみなく読み上げていました。

この日、福岡のマイク音声で、金額を伝える声が聞こえないとレジの人が怒ります。皆、大きな声で、汗も拭わず、必死で接客しています。彼らのこの姿を経営者に見てもらいたかったです。彼は定刻通り18時に退社していました。

会計を済ませた人たちが店の前に集まっています。お帰りになる様子がありません。

19時、いつもの通り閉店準備を始めますが、レジの列はまだまだ続いています。19時半を過ぎた頃、最後の方が退場されました。多くのお客さんたちが店の前に残って、商店街は封鎖状態になっています。

福岡がマイクでスタッフに集合をかけ、全員が店の前に並びました。

福岡店長の挨拶です。文言は整理せず、彼が喋ったまま書きます。

「本日をもちまして、99年4ヵ月皆さんにかわいがっていただきましたが、幕を下ろさせていただきます。

今日も普段通り静かに閉店しようと思っていたんですけれども、こんなにたくさん残っていただいて、ありがとうございます。

いま町からどんどん本屋が全国的になくなってきております。皆さんに最後にお願いしたいのは、確かにネットは便利なんですけど、まだ町に残って頑張っているリアル書店を使ってあげてください。でないと、この国から本屋というものがなくなってしまいます。

われわれ海文堂のスタッフもお客様とお話しさせていただきながら、それによって成長させていただいたと思っております。

ほんとうに長い間ありがとうございました」

この場面はネットですぐに流れましたので、多くの方がご覧になられたでしょう。福岡の〝本屋を使ってください、本屋がなくなります〟にネット書店利用者が反論しました。

でもね、ネットの皆さん、彼は、あの日あの時間あの場所に集まって海文堂にさようならをしてくれた方々に申し上げたのです。ネットに流れることを前提にして話してはいません。ネットの皆さんに向かって言った言葉ではないのです。

個人的なことです。この日のために長女は休暇を取ってくれました。妻は仕事を終えてやって来ました。最期を看取ってくれました。

挨拶状

10月1日、経営者が店頭に貼った挨拶状はただただ事務的な文書でした。

《お知らせ

常々、弊社をお引き立て賜り、有難く厚くお礼申し上げます。

さてこの度、関連会社事業集約の一環として、株式会社海文堂書店の営業を、9月30日をもちまして、終了させていただきました。

皆様方に永年ご愛顧賜りました事、従業員一同心からお礼申し上げます。

ありがとうございました。

2013年10月

株式会社海文堂書店》
ウエブや『海会』に載せた文章を少し変えただけです。

「誰もいない海」

10月1日から全員で返品作業を開始しました。予想よりも返品量は少ないものの、220坪の在庫量ですからそれなりにあります。

閉店宣言以来、各担当者はそれぞれ〝有終の美〟を飾るべく、仕入れに力を注ぎました。それがまた考えられないほど売れていきました。9月20日で雑誌と新刊の仕入れは止まっていました。その後は注文品が少し入荷したのみです。

普通返品できるものはどんどん箱に詰め、出版社の「了解書」が必要なものは担当者が別に作業をしました。大体のものは事前に了解を取っていました。通常の返品では、「これは残そうか」など逡巡があるのですが、もう全部返品なのです。本が終われば、次は人間が店とおさらばです。自分の墓石を積み上げているような作業です。

福岡と買い切り版元との交渉は難航しました。「了解」をもらえたのは、こちらが期待したよりもかなり少ない量でした。長い年月の取り引きなど考慮されることはありませんでした。

書棚は改装工事とともに壊されて処分されるのですが、近所に新しくできる「陳舜臣アジア文藝館」、古書店「ブックスカルボ」ほか、希望の方にもらっていただきました。

4日、作業終了し、バイト君も含めて作業場で呑み会をしました。田中は売り場の棚や小物など私物を片付けながら参加していました。

従来海文堂では「打ち上げ」という行事がありませんでした。昔は社員旅行や忘年会などがあったでしょうに、そういう福利厚生はなくなっていました。年に一度の「棚卸」のあと、作業場で呑み会をするようになったのは、髙田郁が参加してくれたときからです。

5日19時からギャラリースペースで、外部有志が準備をしてパーティーを開いてくれました。下町レトロ(伊藤、山下)、頓花恵、平松正子、藤田みゆき(元町古書波止場の元アルバイト、漫画家)、くとうてん鈴田社長、世良、石阪(ゴローちゃん)、鈴田明里《あかり》が、海文堂の顧客の方、縁ある方に呼びかけてくださいました。

福岡とゴローちゃんは進んで女装をしました。皆を喜ばすためとはいえ、なかなかできることではありません(?)。衣装提供は平松でした。

島田誠は学生時代に鍛えた喉で「誰もいない海」をしみじみと歌いました。歌詞が海文堂閉店と見事に合ってしまいました。悲しいことです。志半ばで去らざるを得なかった島田の心情をすべて理解することはできませんが、あのとき、そして今回、無念であったでしょう。

おじさん3人組ロックバンド（やまだ書店・山田恒夫、風来舎・伊原秀夫、探偵小説研究家・野村恒彦）の演奏ではじけました。余興、涙の挨拶、ケーキカットあり、おかんアート作品プレゼントあり、参加の皆さんに盛り上げていただきました。くとうてんは『海会』を合本に製本してくれました。島田が「100年のときに集まりたいね」と低音で言いました。すぐに「構想」を練ってくれたようです。

残務処理

10月5日から全スタッフは有給休暇消化に入り、15日をもって退職となりました。この時点で次の仕事が決まっていたのは全社員13名のうち4名でした。

16日から後藤と私がアルバイト勤務で、残務処理のため会社に待機しました。返品の逆送品処理です。本屋が返品した本を、買い切り商品、委託期限切れ、破損などの理由で取次や出版社が受け入れを拒否し、本屋に戻すことがあります。本屋は取次や出版社に返品を交渉し、了解をもらえれば再度送品し、拒否の場合は本屋の損害として処分します。後藤と私は電話とファクスで出版社にお願いする役目でした。海文堂書店の電話とファクス、コンピューターは解約、撤去されていました。通信は海文堂興産の設備を使いました。

高文研の飯塚直《なおき》社長が出張の途中、裏口から訪ねてくれました。昼食をご一緒して別れました。ありがとうございます。

後に聞いた話です。取次会社と銀行から、返品不能品（不良在庫）が少な過ぎると疑問を持たれたそうです。返品時に各担当者がきちんと「了解」を取っていたために、逆送品は少ないものでした。返品不能になった本はほとんどが廃業出版社のものでした。海文堂スタッフたちは、プロとしての始末を見事につけました。共に働いた仲間として彼らを誇りに思っています。

あの「8・5閉店通告」で皆やる気をなくしてサボればよかったのです。たくさん残っている有休を消化しても文句は言われません。就職活動をするべきだったのです。閉店が決まっているのに、最後まで仕入れ努力をし、返品交渉をし、声を張り上げてレジをし、自分たちの仕事に終止符を打ちました。

11月15日、後藤と私は正式退職し、健康保険証を返却しました。18日に離職証明書を受け取り、これで完全に海文堂と「さようなら」となりました。

失業生活

私の失業生活はお気楽なものです。家事と頼まれ原稿、映画や読書、たまに呑み会に呼んでもらいました。しかし、不安があります。もし事件を起こしたり、巻き込まれたら、「60歳、無職」と報道されることです。区役所に健康保険の手続きに行きましたら、窓口の方が海文堂のお客さんでした。閉店の日もお別れに来てくださったそうです。

ブログは10月8日からくとうてんのウエブサイトに移して「ほんまに日記」として再開しました。「ほぼ毎日更新」を目標に書き出しました。

『ほんまに』第15号を〝海文堂閉店に思う〟という特集で出すことが決まり、お手伝いをしました。ほとんど毎日のようにくとうてんに出入りしていました。無責任な人に「仕事をもらっているのか？」という疑いをかけられました。彼らの仕事は私ができるようなものではありません。

『ほんまに』は年末ギリギリに完成し、本屋営業も体験いたしました。けっこう忙しい失業者でありました。年が明けると、新規や追加注文が入り、好調な売れ行きとなりました。取り扱いいただいた皆さんとお買い上げの方々にお礼を申し上げます。おかげ様で3月には増刷となりました。

店のない100年目

2014(平成26)年1月末になって、ギャラリー島田の島田誠社長から、「海文堂100年イベント」について提案がありました。ちゃんと覚えてはりました。どのようなイベントにするか考えてほしい、くとうてん、下町レトロ、トンカ書店の皆さんにも加わってほしい、ということです。彼らは快諾してくれました。まず、島田と福岡が「基本方針」を立てました。2月7日、ギャラリー島田で第1回準備委員会を行いました。

福岡は「海文堂」のことは早く決着をつけたかったはずです。これは私の勝手な想像です。彼はスタッフたちの再就職が決まるまでは就職活動をしない覚悟だったのでしょう。このイベントを成功させて、再出発しようとしているのだと思いました。

私は何も考えず〝流れ〟に身を任せています。海文堂書店のことはまだ決着をつけられるものではありませんから、終点を探しているところでした。まずイベントでできることをしようと、パーティーでの〝女装〟を引き受けました。ドレスを着るために、自分なりに考えてダイエットに取り組みました。しかし、〝女装〟で決着というのでは真剣味が不足です。「60超えてこっちに目覚めまして」ではお笑いにもなりません。「海文堂の本」を任せる、と多くの人に言われたのだから、その〝流れ〟を受け止めようと思いました。

ギャラリーのウエブページとメールマガジン、「ほんまにブログ」などでイベント情報を発信しますと、早速新聞各紙が取材をしてくれました。まだ「海文堂」はネタになるようです。4月に《海文堂書店〝復活〟を神戸市が検討》という報道があったことも影響しているのでしょう。

『「本屋」は死なない』（新潮社、２０１１年）を書いた石橋毅史が東京新聞で「店のない本屋」を連載しました（3月〜4月、全30回）。本屋が衰退していても、〝本屋であろうとする人たち〟がいて、〝本を届けたい人たち〟もいます。〝本を手渡すこと、本がもつメッセージを伝えること〟など、本屋で働く人を含めて、その役割を果している人たちをルポしています。

ここで5回にわたって「海文堂の遺産」を書いてくれました。海文堂を取り巻く人たちに取材しています。結局登場したのは、神戸の〝ヘンコ〟な文化人ばかりになりました。これは海文堂が〝ヘンコ〟ということでしょうか。石橋と取材に応えた皆さんに感謝します。

作家が作品中に海文堂のことを書いてくださるという栄誉もありました。

髙田郁は『みをつくし料理帖』シリーズ（ハルキ文庫）の２０１４年2月刊『美雪晴れ』で「海文堂」という名の本屋を出し、閉店を惜しんでくださいました（8月刊の『天《そら》の梯《かけはし》』でも料理番付の「西方版元」として登場させてくれました）。碧野圭は『書店ガール3』（PHP文芸文庫、2014年）で、仙台の老舗書店の名称を「櫂文堂書店」としたうえに、「海文堂」のエピソードを書いてくれました。

おふたりに深く感謝をいたします。

創業の日に

《ごあいさつ
6月1日は海文堂書店創業100年に当たります。

この場をお借りいたしまして、長きにわたり海文堂書店にお心を寄せてくださいましたみなさまに心から感謝申し上げます。

海文堂ギャラリー&ギャラリー島田ゆかりの画家さんの作品をごゆっくりお楽しみください。

また、海文堂の歩みの数々を、記念ポストカード・「海会」合本・『ほんまに』バックナンバー・新旧写真・映像などでご覧いただきたいと思います。

これからの本の世界が広がっていくヒントのようなものが、この記念展のなかに少しでもあるとしましたら幸いでございます。

「海文堂生誕100年まつり99＋1」実行委員会　福岡宏泰

記念展　2014年5月31日（土）—6月11日（水）12:00—19:00　＊火曜日は18:00、最終日は16:00まで。

○海文堂ギャラリー&ギャラリー島田ゆかりの画家の作品展

○写真展　キッチンミノル他、海文堂新旧の軌跡

○記録映像の上映

○記念ポストカード

○関連書籍販売

○百均古本市

○海文堂カフェ

○12日（木）14:00より「田中智美講演会　子供と本の出会い」ギャラリー島田B1Fにて　＊入場無料、要予約》

以上、案内パンフレットより。

直前、そして開催中にいろいろ慌てることが発生しました。古本市とカフェは土日だけの予定が毎日になりました。ポストカードは当初6枚だったのが9枚に増えました。チラシ用にデザインしたブックカバーを急遽販売することになりました。私が担当した年表の簡易版も配布することにしました。

店番には福岡と私が常駐しました。海文堂スタッフでは時間の都合がつく人たち、石川、熊木、笹井が顔を出してくれました。くとうてんの人たちが空いた時間に交代で来てくれました。

毎日手伝ってくれたのは詩人・小野原教子で、大学の講義が終わると飛んで来てくれました。小野原はこのイベントのために詩作し、それをガラス工芸作家とコラボして作品化してくれました。詩は本書口絵に掲載しています。

常連だった島田さんはご夫妻で休みの日に手伝いを申し出てくれ、お客さんとしても毎日少しの時間でも覗いてくれました。古本を山のように買い、コーヒーを楽しんで帰りました。

新聞各紙の取材のおかげで初日から多くの方が来てくださいました。

古本市も当初は福岡と私だけのつもりでしたが、中島俊郎教授が参加し、島田誠、ギャラリースタッフ・藤墳智史《ふじつかさとし》も加わりました。全員が本を寄贈してくれる形です。皆、追加までしてくれました。

福岡は久しぶりの本商いで、「手が喜んでいる」と笑顔を見せました。私は「いらっしゃいませ」と言えて楽しかったです。

「明日本」メンバーも顔を出してくれました。出版社では初日に新評論・寿南孝士営業部長が「平和の棚の会」を代表して来てくれました。

海文堂閉店直後に病に倒れられた登尾明彦先生が、歩行器で坂を上がって来られたことに感動いたしました。

ポストカード、ブックカバー、本もおかげさまにてたくさん買っていただきました。定期的にコーヒー豆を差し入れてくださる方もおられました。皆さんのご厚志に感謝申し上げます。

会期中の6月1日が海文堂書店創業の日に当たりました。

ちょっと長いおわりに

経営者から見れば、「閉店」は最良の選択だったのでしょう。神戸新聞（2013年8月6日付朝刊）のインタビューで彼は《私か、東京で出版事業などを継いでいた兄か、どちらかがいなくなれば書店は閉めようと決めていた》とも言っています。《売り上げ増は期待できず、従業員を養って行くことは困難》。だから「閉店」、以上。

2013（平成25年）年8月5日の「閉店報道」から9月30日の「閉店」まで、多くの方がお別れに来てくださいました。あれはお葬式でした。2014（平成26）年5月31日から6月11日までの「海文堂生誕100年まつり99＋1」は偲ぶ会でした。ここにも多くの皆さんがご来場くださいました。

時とともに記憶は消えてしまいます。それは私もわかっています。わからないことは、なぜ「閉店」を多くの方が惜しんでくださったのか、です。

海文堂という場所で、私たちスタッフ＝「売る者」は本を選び、並べ、勧め、売りました。お客さん＝「読む者」が集まり、選び、買い、読み、「売る者」に感想を述べ、ヒントをくれました。「売る者」と「読む者」がつながり、「読む者」同士がつながりました。「売る者」は時には「作る者」ともつながり、そして、「作る者」も「読む者」とつながりました。その場所が「海文堂」でした。

あの「熱狂」と言っても過言ではないお客さんたちの反応について、冷静沈着な熊木泰子に尋ねてみました。彼女の分析はこうです。

「出版の形態が変わり始めたことを世間が意識し出したまさにそのときの閉店だったことが大きいと思います。神戸新聞との親密な関係がニュースを過大にし、情報って使い回しだから他紙が追随し、地方記事に過ぎないことなのになぜか全国に広まって、伝言ゲームのように変容して美談になってしまった。世間は美談が大好きだから、自分の理想を投影して物語を作り上げたかったのでは」

彼女は『ほんまに』第15号でも書いていました。

《理想の本屋とはどんなお店なのでしょう。広すぎず狭すぎず、ぐるりと一周すれば自分には関係ないと思っていたジャンルの新刊までたまたま目にしてしまい、そして時には宿命の本と偶然めぐりあう。本とはそういう風に出会いたいよねという、支持してくださった方のイメージの中の本屋として海文堂はあったのかもしれず、それがあのような最後の熱狂を生んだのではないでしょうか》

彼女の言うとおりなのでしょうが、私はまだわかっていません。

お客さんと、取引先だった人たちに性懲りもなく尋ねました。

「海文堂の何が気に入ったのか？　その〝何〟は、あなたが私たちにしてくれた〝行動〟に値するほどのことだったのか？」

私が「わからない、わからない」と繰り返して言うのは、「海文堂」がなくなったことで自分が「海文堂の〇〇」という存在でなくなってしまったからだ、と気がつきました。いつまでも「元海文堂の〇〇」とは言えません。それをただ恐れているのだ、と。だから、「なぜ、あれだけ惜しんでくれたのか？」という答を待っているのでした。愛されていたという〝確信〟がほしいだけなのです。決定的な〝言葉〟がほしかったのです。

ある人は生い立ちから語ってくれました。

「神戸の町が好き。生活の当たり前のなかに海文堂があった。今あるたくさんのご縁の元が海文堂を通してです。『本屋』というよりは『人』が大きな軸である書店でした」

またある人は、高校時代の話から始めてくれました。

「本を売るだけでなくて、人のつながりも持っている大きな本屋さんでした。そんな店は、他になく、私の近所の小さな本屋に似ています。だからあれだけの人が最後を惜しんだのだと思います」

探偵小説研究家で『海会《かいえ》』寄稿者でもあった野村恒彦は2014（平成26）年4月に「古

書うみねこ堂書林」を栄町通に開業しました。「うみねこ堂」の「うみ」は海文堂書店の「海」です。野村に聞きました。

「海文堂は確かに『エエ本屋さん』でした。お別れを言いたかった人は本当にたくさんおられたと思います。ただ、あのノリはローカル線廃止日の状況と似ています——お祭りですね。本当に寂しくなるなら、普段から本を買えばよかったのです。ただ、あのあとの反響は単なるお祭りではなかったと推察します。なぜならば、それは新刊書店の価値についてーーこれは単に不便だということを含めてのことですが——消費者＝読者側に突きつけられているような気がするからです。本屋がなくなって困るのは誰かということです」

——海文堂の何が気に入ったの？

「店員の方と本の話ができたことです。本を教えてもらう楽しみを知りました。本のことが好きで、よく知っている店員の方——これは少しだけ話をすればすぐわかります——はたくさんおられるでしょうが、話し易いというのは別のことです。海文堂書店は店の雰囲気を含めて、店員の方が両方備えておられました」

——「海文堂書店で本の話ができた」ということは、野村さんが海文堂書店にしてくれた協力・応援に値するもの？

「もちろん値することでした。ミステリ関係以外の本好きの仲間が増え、本にいろいろ関係しておられる知り合いも増えました。お酒を呑む機会まで与えてくれました――これは滅多に得られるものではありません。ましてや、その内容が本の話とくれば言うことはありません」

私たちは良き人たちに囲まれていたと思います。私は皆さんの気持ちを素直に受け入れ、おつきあいを続けていけばいいのです。

熊木の意見です。

「顧客の皆さんがしてくださったことは、私は親戚づきあいだと思っています。野村さんなんて店長のお客さん、というよりは、海文堂という〝気はいいけど貧乏な中年〟の、伯父さんであり後見人って感じでしょ。くとうてんもそう。何かにつけて相談に乗ってくれたり。パーティーの実行委員の方も、もう親戚が危機やねんから何かしてあげたいと思ってくださった。親戚と思わせる力が、店長や他の人たちの人格によるのは間違いないですよね。(2014年3月にさんちかにあった)福家書店が騒がれもせずに撤退しはったでしょ。あれはお客さんとの関係の持ち方が海文堂と違ってたからやと思います。海文堂書店は、お客さんと深いおつき合いができるほど、根を下ろしてたということかも。ただ、それだけの価値が海文堂にあったかと言えば、それはスタッフが判断することではないでしょうね。あんなふうに取り上げられるまで私は『名店』だなんてまったく気づかなかったし、たぶん同僚の誰も知らなかったのでは」

最後に福岡店長の意見を入れておきます。

「お客さんが海文堂書店を応援してくれ、閉店を惜しんでくれた理由は、100年になろうとする歴史の中で海文堂という本屋で働いてきた数知れない人たちが、ひたすら、そして淡々と、正直な商いをしてきたことに尽きるのではないでしょうか。たまたま最後の場面に立ち会った私たちが、歴代のスタッフに代わって惜別の拍手をいただけたのだと思います。皆さんが評価してくれたであろうことを思いつくままに挙げてみます。神戸という地域に根ざした姿勢。本屋を拠点としたさまざまな文化発信のありよう。偉ぶらず、本を求める人たちにできる限りオープンに扉を開けていたこと。本を媒介として極力お客さまと対話を重ねようと努めてきたこと。儲けにならないバカなことも多々敢行してきたこと。海文堂書店に対して身に余るお心を寄せてくださった方々が数知れずいらっしゃいます。そのお心に値する存在だったと胸を張って言えはしませんが、私たちもそれらの方々のことが大好きだったことだけは間違いないことだと思います」

本屋仲間の言葉を思い出します。

「お客さまが神様なんて失礼なことは言わない。でも、神様みたいなお客さまは必ずいる」

信じるに足る人たちが傍にいてくれます。それは海文堂の歴史、OB・OGたち・スタッフたちが紡いできたつながりのおかげです。海文堂書店閉店後、福岡と私はOB・OGとサポーターの皆さんと一緒に『ほんまに』第15号特集「新刊書店と本の話［街の本屋］海文堂書店閉店に思う」、同16号特集「続・神戸の古本力」を刊行できました。海文堂書店の幻の100年を記念する「海文堂書店生誕100年まつり99＋1」を開催することができました。ふたりはOBの紹介で職も得ました。

私は、海文堂書店つながりで、あちこちで原稿を書かせてもらっています。そのうえ本書出版です。今あるつながりを大事にしてまいります。

ここまで書いてきて、読んでいた本の中に次の言葉を発見しました。若き日の寺山修司が俳句との別れを宣言したときの文にある言葉です。

《新しき血

私の眼のうしろに海がある

それをみんな私は泣いてしまわなければならない》（註1）

泣き虫・平野は本書をもって「眼のうしろにある海」をみんな流すことにします。

本書が読者の皆さんのお役に立つかどうかはわかりません。反面教師にはなるでしょう。

多くの方にご協力をいただいて書き上げることができました。御礼申し上げます。

ではではこれで失礼いたします。

註1　久慈きみ代『編集少年 寺山修司』(論創社、2014年)、ドイツの詩人、エルゼ・ラスカー＝シューラー(1869〜1945)の詩「一つの歌」の最初のフレーズ。訳は富士川英郎《ひでお》。

海文堂書店のあゆみ

年	月	海文堂書店関連	その頃の日本と世界
1914（大正3）		賀集喜一郎（1875〜1940）が神戸市多聞通と楠町に「賀集書店」開業。一般書籍・雑誌販売と海事図書出版	第一次世界大戦勃発
1923（大正12）		元町通3丁目に移転。	関東大震災
1925（大正14）		『海事大辞書』全3巻刊行開始するが、失敗。経営不振に	治安維持法公布
1926（大正15）		「海文堂」に改称	円本ブーム
1930（昭和5）		組織を合資会社に、賀集代表社員。 兵庫県書籍雑誌商組合評議委員（昭和3〜5年） 岡田一雄入社。書店業のかたわらコーヒー豆の輸入事業で成功。経営を立て直す 店舗東半分に飲食店「三好野」開設	ロンドン海軍軍縮条約調印
1937（昭和12）		この年の兵庫縣書籍雑誌商組合員名簿に「神戸區　海文堂出版部　賀集喜一郎」「海文堂小賣部　小林基治」の記載あり 『兵庫縣書籍雑誌商組合三十年誌』に「湊區　一進堂　賀集市太郎」の記載あり	日中戦争始まる
1938（昭和13）	7月	3日〜5日、阪神大水害	国家総動員法公布
1939（昭和14）		賀集一進堂閉店	第二次世界大戦勃発
1940（昭和15）		賀集喜一郎死去。岡田一雄代表社員に就任	日独伊三国同盟締結
1945（昭和20）	3月	17日、神戸大空襲で店舗焼失	敗戦
1946（昭和21）	10月	バラックで営業・出版再開	日本国憲法公布
	12月	ジュラルミンを使った棟割り長屋式建物完成	
1948（昭和23）	6月	法人化し「株式会社海文堂」設立。岡田一雄、代表取締役就任。 出版部、総務部、小売部設置。	東京裁判判決
1953（昭和28）	5月	出版部、東京出張所を開設	朝鮮戦争休戦

1958（昭和33）	6月	出版部独立し、「海文堂出版株式会社」設立	1万円札発行
1962（昭和37）		元町商店街アーケード完成	キューバ危機
1963（昭和38）		海文堂書店、日東舘書林、南天荘書店、文昌堂（明石）、藻文堂（淡路）で「神戸出版販売株式会社」を設立	ケネディ暗殺
1965（昭和40）	6月	神戸の出版部を東京本社に吸収し「海文堂出版神戸支店」に	北爆開始
	9月	神戸出版販売株式会社、三宮地下街にコーベブックスを20坪で出店	
1967（昭和42）	7月	株式会社海文堂（現海文堂興産株式会社）の小売部を分離し、株式会社海文堂書店に。岡田一雄代表取締役会長、清水晏禎社長	公害対策基本法公布
		「コーベブックス」改装、60坪に増床	
1968（昭和43）		飲食店「三好野」閉鎖	日本のGNPが世界第2位に
		メトロ神戸店出店（25坪）	
1969（昭和44）		貿易センタービルに出店（退店時期不明）	人類初の月面着陸
1973（昭和48）		岡田一雄逝去。海文堂書店を娘婿島田誠が、海文堂出版を長男吉弘が引き継ぐ	オイルショック
1974（昭和49）		70坪から105坪に増床	田中角栄内閣総辞職
1975（昭和50）		120坪に増床	ベトナム戦争終戦
1976（昭和51）	1月	小林良宣入社	ロッキード事件
		※この年三宮センター街にジュンク堂書店三宮店開店	
1977（昭和52）		帆船カバー（紺・白地）使用開始	日航機ダッカハイジャック事件
	4月	郷土出版物フェア、小冊子『兵庫の同人誌』配布	
1978（昭和53）		社長室兼応接室（計15平方メートル）をギャラリーに改装	成田空港開港
	11月	10日、『神戸読書手帖』（海文堂書店）販売	
1979（昭和54）	1月	小林、PR紙『週刊神戸読書アラカルテ』開始	スリーマイル島原発事故
	3月	灰谷健次郎講演会を主催（会場・神戸市教育会館）	
	6月	文芸書限定本フェア	
	7月	音楽会「中世ルネッサンス音楽の夕べ」主催（会場・神戸市教育会館）	
	9月	「現代の版画家20人展」	

	11月	『週刊神戸読書アラカルテ』第40号で終了	
	12月	PR誌『月刊神戸読書アラカルテ』開始 「ビュッフェのすべて」展を主催	
1980（昭和55）	1月	旧出版部建物を書店売場とギャラリーに改築	モスクワ五輪不参加
	3月	サロンコンサート「モーツアルトの夕べ」主催（会場・神戸市教育会館、計6回。～1981年5月）	
	10月	1日、『神戸図書ガイド』（海文堂書店、南天荘書店、コーペブックス）販売	
	12月	1日、『神戸図書ガイド　1980年12月／追録版』（海文堂書店）販売	
1981（昭和56）	1月	初の非再販本『美のフィールドワーク』（橋口収、創世記）を仕入値で販売	第二次臨時行政調査会発足
	3月	20日、神戸ポートアイランド博覧会（ポートピア81）開催（～9月15日）、会場で公式ガイドブック販売	
	5月	店舗改築のためギャラリー閉廊特価セール	
	8月	店舗改築のため閉店し、仮店舗2カ所で営業 『月刊読書アラカルテ』休刊	
	12月	新店舗1階のみオープン、『読書アラカルテ』再開	
1982（昭和57）	2月	『読書アラカルテ』、『月刊Blue Anchor』に誌名変更	ホテルニュージャパン火災
	3月	新店舗2階オープン ※ジュンク堂書店サンパル店、本格的専門書店として開店（2001年、ダイエー三宮駅前店上に移転し、三宮駅前店と改称）	
1983（昭和58）	7月	『Blue Anchor』第16号をもって休刊	大韓航空機撃墜事件
1984（昭和59）	1月	阪神元町駅西口ビル場外馬券ビル建設反対運動開始	グリコ森永事件
	6月	トーハン検索システムTONETS導入	
	9月	ブックフェア「『VIKING』の乗船者たち」	
1985（昭和60）	3月	福岡宏泰入社	阪神タイガース日本一に
	8月	第13回夏季ユニバーシアード大会（神戸。～9月）、会場で本を販売	
1986（昭和61）	4月	社内通信『CABIN』ほぼ日刊開始	チェルノブイリ原発事故
	5月	創業60年記念企画美術展「アイズピリー&ゴリッチ招待展」	

	7月	創業60年記念企画美術展「レイモン・ペイネ　愛の世界展」	
		「海の浪漫展・解体船フェア」（船具・備品即売会）	
	9月	創業60年記念企画美術展「フェルナンド・ボテロ版画チャリティー展」	
	12月	『CABIN』170号で休刊	
1987（昭和62）	1月	※農林水産省、元町の場外馬券ビル建設許可	朝日新聞阪神支局襲撃事件
	2月	『CABIN』再開、売上税反対表明	
		海事書フェア「開港120年 Crew's KOBE」。解体船部品販売も	
		海文堂書店メトロ神戸店閉店	
	4月	『CABIN』201号で終了	
1988（昭和63）	1月	社内通信『週刊STAFF MEETING』発刊	リクルート事件
	8月	『STAFF MEETING』、25号で終了	
		2階ギャラリー、90平方メートルに拡張	
1989（平成元）	4月	※消費税3%導入	天安門事件
	5月	PR紙『週刊BLUE ANCHOR』発刊	
	7月	27日、島田、脳脊髄神経鞘腫手術	
	11月	「ターミナルライブラリー（終末期医療）」棚開設、ブックリスト作成	
1991（平成3）	7月	公益信託「亀井純子文化基金」創設	ソ連消滅
	12月	『BLUE ANCHOR』100号で終了	
1992（平成4）	10月	島田、神戸市文化奨励賞受賞	太陽神戸三井銀行、さくら銀行に
		石井一男個展初開催	
1993（平成5）	10月	島田、エッセイ集『無愛想な蝙蝠』（風来舎）刊行	非自民連立内閣発足
1994（平成6）		島田、元町生誕百二十年実行委員長就任	大江健三郎にノーベル文学賞
1995（平成7）	1月	17日、阪神淡路大震災発生	地下鉄サリン事件
		25日、営業再開	
	2月	アート・エイド・神戸、立ち上げ	
	3月	アート・エイド・神戸、チャリティ美術展（〜4月14日）	

1996(平成8)	4月	アート・エイド・神戸、芸術関係者緊急支援開始。	O157集団食中毒事件
	6月	島田、『神戸発 阪神大震災以後』(岩波新書)執筆参加	
	9月	※駸々堂三宮店、1000坪で三宮センタープラザに開店	
	1月	アート・エイド・神戸、「アート・エイド・神戸イン釧路」開催	
	8月	戦没画学生・祈りの絵展	
	10月	海文堂書店、メセナ奨励賞受賞	
	11月	『KOBE BOOK SHOP&SPOT GUIDE』刊行	
1997(平成9)	1月	アート・エイド・神戸、「兵庫アート・ウィーク・イン東京」開催	北海道拓殖銀行、山一證券破綻
	4月	消費税率5%に上昇	
	11月	島田、『蝙蝠、赤信号をわたる』(神戸新聞総合出版)刊行	
1998(平成10)	1月	アート・エイド・神戸、九州・福岡で「兵庫アート・ウィーク・イン福岡」開催	明石海峡大橋開通
2000(平成12)	1月	※駸々堂倒産 島田、『忙中旅あり』(エピック)刊行	介護保険制度発足
	3月	小林、海文堂書店を退職、福岡宏泰新店長に	
	9月	島田、海文堂書店社長退任。岡田吉弘、社長就任 島田、北野のハンター坂に「ギャラリー島田」設立。亀井純子文化基金(のちの神戸文化支援基金)、アート・エイド・神戸事務局も同ギャラリーに拠点を移す	
2002(平成14)	3月	※「コーベブックス」「南天荘書店」廃業	日韓ワールドカップ
2003(平成15)	8月	シースペースの協力を得て月刊PR紙『海会』創刊	日本郵政公社発足
	12月	11日、かどもとみのる(南京町のカフェ&ショットバー店主、神戸港を考える会代表)『メリケン波止場』(長征社)サイン会	
2004(平成16)	5月	平野、手書き週刊新刊案内『人文社会から』および『ビジネス書ニュース』開始	新潟中越地震
	7月	11日、真夏のドサクサ・汗だくサイン会(sumus&幻堂出版) 26日、中島らも逝去。9月に緊急追悼フェア	

	11月	島田、『神戸 震災をこえてきた街ガイド』（岩波ジュニア新書）刊行	
2005（平成17）	1月	ブックフェア「震災から10年～そして、これから～」	JR福知山線脱線事故
	4月	1日、林哲夫「装幀も仕事！」展（～30日）	
		16日、みずのわ出版・幻堂出版著者合同サイン会	
	5月	28日、旧ギャラリースペース再開。	
	6月	いしいひさいちまんがまつり開催	
	10月	初の古本フェア「ちんき堂見参」	
	11月	全国の書店ブックカバーを表彰する「書皮大賞」（第22回）受賞	
		13日、『カミシバイウォーズ２』。幻堂出版主催	
	12月	※古書店「トンカ書店」開業	
2006（平成18）	1月	古本「ちんき堂棚」常設	日本の人口、初の自然減
		『ビッグイシュー日本版』（ビッグイシュー日本）バックナンバーフェア	
	2月	5日、切り絵作家・成田一徹サイン会	
	4月	「パリ時代の中村直人展」（彫刻家、画家）	
	6月	海上保安庁潜水士たちのフォトレポート展	
	8月	27日、中村よお（神戸出身のライター＆シンガー・ソングライター）「歌うサイン会」。『肴（あて）のある旅―神戸居酒屋巡回記』（創元社）刊行記念	
	11月	23日、海文堂の三箱古本市＆『神戸の古本力』（みずのわ出版）サイン会	
	12月	12日、平野、『海会』連載『本屋の眼』（みずのわ出版）刊行	
		23日、『ほんまに』創刊号発売	
		23日、平野『本屋の眼』（みずのわ出版）サイン会＆刊行記念会	
2007（平成19）	1月	海野弘「私の１００冊の本の旅」展（～2月）	新潟中越沖地震
	2月	10日、海野弘トーク＆サイン会	
		12日、趙博（ミュージシャン）「唄うサイン会」。『夢・葬送』（みずのわ出版）刊行記念	
	3月	石井桃子１００歳記念フェア	
		31日、岡崎武志『読書の腕前』（光文社新書）記念トーク＆一箱古本市	

	4月	29日、池澤夏樹『きみのためのバラ』（新潮社）朗読会&サイン会	
	5月	林哲夫『spin』創刊記念トーク「中島俊郎（英文学者）×鈴木創士（仏文学者）」	
	6月	神戸市生まれの写真家・岡田正人『田中泯　海やまのあひだ』（工作舎）刊行記念写真展&サイン会	
	8月	宮本常一生誕100年フェア	
	9月	みょうが堂古書店（宝塚の野球専門古書店）「野球雑誌フェア」 神戸開港140年記念「海運書」フェア	
	11月	仏画家・豊田和子『記憶のなかの神戸』（シーズ・プランニング）原画展	
	12月	8日、畠中理恵子（書肆アクセス元店員）・近代ナリコ（文筆家）トークイベント「本と女の子の本音?」、司会・林哲夫 ※元町通5丁目の老舗「宝文館」廃業	
2008（平成20）	1月	※古書店「後藤書店」廃業	リーマンショック
	2月	11日、佐田尾信作（中国新聞文化部記者。元大島支局長）トークイベント。『風の人　宮本常一』（みずのわ出版）刊行記念	
	4月	初の古本市「海文堂の古本市」15日間開催。8店舗参加	
	5月	安井裕二郎（日本近代史研究家・祖父が元町商店街の写真店主およびラジオ店主）トークイベント。『識る力——神戸元町通で読む70章』（ジャパンメモリー）刊行記念	
	6月	岡崎武志・山本善行トークイベント。『新・文學入門』（工作舎）刊行記念	
	11月	7日、「のじぎく文庫」（神戸新聞総合出版センター）創刊50年記念フェア&講演会 9日、絵葉書研究家・石戸信也講演会。『神戸レトロ・コレクションの旅』（神戸新聞総合出版センター）刊行記念。 22日～24日、愛媛県上島町特産品販売。以後年2回の恒例に	
	12月	第2回「海文堂の古本市」6店舗参加 古書店・ロードス書房海文堂支店棚、1カ月限定出店	

2009（平成21）	2月	古書店・一栄堂書店海文堂支店棚、1カ月限定出店	民主党鳩山政権発足
	3月	第3回「海文堂の古本市」6店舗参加 野村恒彦『神戸70S青春古書街図』（神戸新聞総合出版センター）刊行	
	4月	平野、お客さん向けの新刊案内手書き通信『週刊奥の院』開始（『人文社会から』と『ビジネス書ニュース』を統合）	
	5月	1日、ブログ「海文堂書店日記」開始 9日、甲南大学教授・中島俊郎講演会「イギリス留学噺」	
	6月	1日、創業95周年 第4回「海文堂の古本市」6店舗参加 古本常設棚「古書善行堂」「トンカ書店」「海文堂古書部」（北村）新設 14日、高橋輝次トーク会。『古書往来』（みずのわ出版）刊行記念 24日、島田誠夫人・悦子（岡田一雄長女）逝去	
	9月	2階マリングッズの呼び名を「港町グッズ」に	
	10月	1日、『ほんまに』第10号発売。本号より年2回（4・10月）刊行に変更 第5回「海文堂の古本市」6店舗参加	
	11月	お客さまの蔵書販売（古書）開始。第1回は甲南大学中島俊郎教授 7日、髙田郁トーク&サイン会。文庫『花散らしの雨　みをつくし料理帖』（角川春樹事務所）刊行記念	
	12月	後藤正治『奇蹟の画家』（講談社）発売 27日、南陀楼綾繁トークイベント「ブックイベントのたのしみ」。『一箱古本市の歩きかた』（光文社新書）刊行記念 第6回「海文堂の古本市」5店舗参加	
2010（平成22）	1月	20日、「明日の本屋をテキトーに考える会」第1回開催	日本航空経営破綻
	2月	20日、細見和之・季村敏夫トークセッション「生きのびるための、哲学」。『「戦後」の思想　カントからハーバーマス』（白水社）刊行記念	
	3月	※有限会社シースペースの編集部門独立、株式会社くとうてん（鈴田聡社長）設立	

4月	神戸新聞夕刊「本屋の日記」新連載開始。北村が参加 20日、『ほんまに』第11号発売。特集「非カリスマ書店員座談会　10年後も本屋でメシが食えるのか」（北村他、他書店の有志参加）が出版業界の話題になり取り扱い書店増加 第7回「海文堂の古本市」5店舗参加
5月	1日、福岡店長による「蔵書放出100円均一」開催（〜30日） 15日、作家・碧野圭、ブログ「めざせ！　書店営業100店舗」取材のため訪問 20日、神戸新聞夕刊連載、切り絵作家・成田一徹「新・神戸の残り香」第4回に「海文堂書店　頬打つ微かな潮風」掲載
6月	『神戸市今昔写真集』（樹林舎）発売。予約多数獲得
7月	18日、成田一徹『東京シルエット』（創森社）刊行記念サイン会 中島らも七回忌記念「中島らもブックフェア」開催
8月	1日、谷川俊太郎講演会（凮月堂ホール）。『ぼくはこうやって詩を書いてきた』（ナナロク社）刊行記念。 22日、中島さなえ『いちにち8ミリの。』（双葉社）刊行記念サイン会
9月	第8回「海文堂の古本市」4店舗参加
10月	15日、勁版会（関西の出版関係者の団体）10月例会「10年後も本屋でメシが食えるのか」座談会を2階ギャラリースペースで開催。業界紙「新文化」10月28日号に掲載 「神戸書店×新潮文庫合同フェア　これYondou?」。『ほんまに』座談会参加の書店らを中心に計9書店が新潮社と協力した合同フェア 北村、ひとり古本市「アカヘル堂」開催
11月	芦屋美術館古書市に海文堂古書部（北村）出品
12月	1日、「元町古書波止場」開業。やまだ書店、一栄堂書店、イマヨシ書店、あさかぜ書店 神戸新聞日曜連載企画「新・兵庫人――輝く　第21部　本の森から」第

2011（平成23）	1月	3回「書店の根幹」に福岡宏泰、第4回「古書の狩人」に林哲夫、野村恒彦ら登場 下町レトロに首ったけの会編『おかんアート』（くとうてん）発売 海文堂書店代表取締役・岡田吉弘退任、岡田節夫が就任	東日本大震災
	2月	27日、岡田吉弘逝去。岡田節夫が海文堂出版代表兼任	
	3月	第9回「海文堂の古本市」3店舗参加 15日、大震災の影響により自動車燃料不足、トーハン・日販は隔日配送。22日より通常どおりに 28日、仙台の出版社「荒蝦夷」全点フェア開催	
	4月	クラフト・エヴィング商會『おかしな本棚』（朝日新聞出版）に海文堂のカバーのついた本＝林喜芳の著作2冊写真掲載 19日、「岡田吉弘お別れの会」東京・日本出版クラブ会館 20日、『ほんまに』第13号（特集「中島らもの書棚」）発売 23日、「森達也トーク＆サイン会」。『A3』（集英社インターナショナル）刊行記念 30日、中島らも作、中島さなえ脚色「桃天紅」大阪公演で出張販売（～5月1日、シアターBRAVA！）	
	5月	第10回「海文堂の古本市」5店舗参加	
	6月	24日「女子の古本屋による女子の古本市」（～26日）。岡崎武志『女子の古本屋』（ちくま文庫）刊行記念	
	8月	27日、海文堂書店元社長・清水晏禎逝去	
	9月	10日、「成田建和写真展 from Kobe みなとの写真館」（～11日） 島田、『絵に生きる 絵を生きる』（風来舎）刊行 17日、姫路の版画家・岩田健三郎原画展（～19日） 23日、「第11回海文堂の古本市」8店舗参加 28日、決算棚卸に作家・髙田郁アルバイトで参加	
	10月	1日、「福島・会津からの風　福島県出版社フェア」開催（～11月14日）	

	11月	5日、石井光太トーク&サイン会。『遺体―震災、津波の果てに』（新潮社）刊行記念 14日、「下町おかんアート展」（～16日）。下町レトロに首っ丈の会主催 22日、「復興の狼煙」ポスター展（～23日）。盛岡・東京の写真家によるメッセージポスター展。 23日、成田一徹個（～27日）展。『カウンターの中から』（クリエテ関西）刊行記念	
	12月	1日、『ほんまに』第14号（特集・東日本大震災と本）発売。本号をもって一旦休刊 4日、文化人類学者・今福龍太トークイベント「群島―世界の薄明へ」。『薄墨色の文法　物質言語の修辞学』（岩波書店）刊行記念 23日、「第12回海文堂の古本市」4店舗参加	
2012（平成24）	1月	22日、北沢夏音トーク。『Ｇｅｔ ｂａｃｋ ＳＵＢ！　あるリトル・マガジンの魂』（本の雑誌社）刊行記念 北村、神戸新聞連載「週刊まなびー教えて！先輩!!」に登場	第二次安倍晋三内閣発足
	2月	5日、太田治子サイン会『夢さめみれば――近代洋画の父・浅井忠』（朝日新聞出版）刊行記念	
	4月	第13回「海文堂の古本市」2店舗参加	
	5月	20日、西岡研介・松本創トーク会「阪神・淡路大震災と東日本大震災をつなぐもの」。『ふたつの震災』（講談社）刊行記念 橋本武（灘中・国語教師、100歳）講演会	
	6月	22日、阪神間の障害者支援施設とフェアトレード団体による手づくり雑貨の展示と販売「ものつくりの輪 はじめての雑貨店」（～24日）	
	7月	8日、中居真麻サイン会。『私は古書店勤めの退屈な女』（宝島社）刊行記念 20日、赤坂憲雄講演会「神戸からの発信『東北の復興、日本の明日』」（凪月堂ホール）。海文堂書店はチケット販売と会場での著書販売を担当	

年	月	出来事	社会
	8月	1日、『海会』、千鳥足純生「本の生一本」連載100回	
	10月	6日、「神戸下町おかんアート展2012」（～7日） 20日、海洋船舶画家・高橋健一「現代のクルーズ客船展」（～21日） 24日、成田一徹急逝。緊急ブックフェア開催	
	11月	3日、成田建和写真展Ⅱ（～4日） 9日、神戸のイラストレーターユニット「もふもふ堂」イラスト原画展「懐かしの昭和KOBEの風景」（～11日） 23日「Secondhand Book Fair on the Second Floor 海文堂書店2階の古本市」（～25日）。京阪神の若手古本屋5店舗参加	
	12月	1日、「第14回海文堂の古本市」8店舗参加 22日、海洋船舶画家・高橋健一「色鉛筆で蘇る往年の客船展」（～24日） 28日、「第15回海文堂の古本市」9店舗参加	
2013（平成25）	1月	3日、『海会』、後藤担当「2F・海の本のコーナーより」連載100回 ※20日、元町一番街の輸入食材店「明治屋」閉店	2020年東京五輪決定
	2月	10日、江弘毅トークイベント「とことん神戸の、甘く危険な話」。『飲み食い世界一の大阪、そして神戸。なのにあなたは京都へゆくの』（ミシマ社）刊行記念。ゲストに西岡研介	
	3月	『海会』、平野担当「本屋の眼」連載100回 1日、ブックフェア「在仙台編集者＋書店員による震災本　50冊＋10冊」（～4月20日）	
	4月	12日、夏葉社『本屋図鑑』取材（7月刊行） 12日、土橋とし子展覧会（～21日）、『おちゃのじかん』（佼成出版社）刊行記念 22日、「全国新聞社ふるさとブックフェア」（～5月31日、全国新聞社出版協議会主催、22社参加）	
	4月	白石一文『快挙』（新潮社）刊行。文中に海文堂書店登場	
	5月	3日、高橋健一「瀬戸内の客船たち展」（～5日）	

6月	18日、青山大介『港町神戸鳥瞰図』（くとうてん）刊行記念サイン会 気仙沼「ほどーる」手づくりブックカバー（東日本大震災津波の被害を免れた蔵にあった着物を使ったもの）販売開始。
7月	成田一徹絵ハガキ販売開始
8月	5日、朝礼時、社長から9月30日閉店までのスケジュール通知。神戸新聞夕刊一面トップで閉店報道。同新聞ウエブ版に掲載、ツイッターで情報広がる。出版社・顧客から電話殺到。夏葉社・島田潤一郎より棚の記録を残したい旨の連絡 7日、夏葉社・島田潤一郎とカメラマン・キッチンミノル、全棚を撮影 11日、鳥瞰図絵師・青山大介、「海文堂書店絵図」のため測量開始 17日、キッチンミノル、追加撮影のため再度来店 ※31日、古書店「ロードス書房」、サンパル古書のまちから撤退
9月	1日、熊木提案ブックフェア「いっそこの際好きな本ばっかり！」（～30日）。スタッフ11名参加 3日、『海会』最終号配布開始 13日、神戸新聞連載「海よさらば」（～15日） 20日、夏葉社『海文堂書店の8月7日と8月17日』入荷 21日、成田一徹切り絵個展（～27日）『新・神戸の残り香』（神戸新聞総合出版センター）刊行記念（2Fギャラリー） 22日、髙田郁、神戸新聞『海文堂書店の8月7日と8月17日』書評を寄稿 25日、朝日新聞連載「消える灯火」（～10月2日） 28日、青山大介『海文堂書店絵図』販売開始 30日、営業最終日。１４０Ｂ青山ゆみこ『本の雑誌』12月号掲載記事取材
10月	1日、在庫品返品作業（～4日） 5日、顧客・関係者有志による「さよならパーティー」（2Fギャラリー）

		15日、従業員全員退職 16日、後藤・平野残務処理（～11月15日） 26日、灘区の古本屋ワールドエンズ・ガーデンにて「海文堂の思い出の一冊」展開催（～11月10日）	
	11月	灘区の古書店「ブックス・カルボ」、海文堂の書棚設置	
	12月	※13日、夏葉社・島田潤一郎、往来堂書店・笈入建志、ブロガー・空犬太郎が「町には本屋さんが必要です会議」設立（吉祥寺いせや） 26日、『ほんまに』第15号（特集・「街の本屋」海文堂書店閉店に思う）くとうてんから発行	
2014（平成26）	2月	髙田郁『美雪晴れ　みをつくし料理帖』（ハルキ文庫）発売。作品中に海文堂閉店のエピソード挿入	消費税、5%から8%に
	3月	10日、フリーランスライター・石橋毅史、東京新聞連載「店のない本屋」に「海文堂の遺産」掲載（～14日）	
	4月	5日、神戸新聞に《海文堂〝復活〟を神戸市が検討》記事掲載 26日、野村恒彦、南京町西門南に「古書うみねこ堂書林」開業	
	5月	陳舜臣アジア文藝館プレオープン。海文堂の書棚を設置 碧野圭『書店ガール3』（PHP文芸文庫）に仙台の老舗書店として「櫂文堂書店」が登場 31日、海文堂生誕100年まつり99＋1（～6月11日、ギャラリー島田）。「海文堂100年誌刊行委員会」発足	
	8月	髙田郁『天の梯　みをつくし料理帖』（ハルキ文庫）発売。付録「料理番付」に「西方版元　元町海文堂」の記載	
	9月	※ロードス書房・大安榮晃逝去 26日、第14回「町本会」に福岡・石阪（くとうてん）ゲスト出演（東京・恵比寿amu）	
2015（平成27）	7月	本書刊行	ネパール大地震

人名索引

書店・古書店・書店関連団体名索引

書籍・雑誌・新聞名
索引（フリーペーパー、私家版を含む）

出版社・出版関連団体名索引

組織・団体名（出版社以外）索引

章扉裏図版
地図作成　石阪吾郎（第1章、第3章、第5章）
店内図提供　小林良宣（第2章）、花本武（第4章）

本書取材、資料・図版ご提供にお力添えいただいた皆さまに
あらためて御礼を申し上げます
（苦楽堂編集部）

本文仕様

本文	FOT-筑紫明朝dGa Pro L（フォントワークス）
見出し	FOT-筑紫Aオールド明朝Pr6 B（フォントワークス）
小見出し	FOT-筑紫ゴシックPr5 D（フォントワークス）

装幀仕様

カバー	パミス純白（四六判Y目/120kg）※仕上げ＝マットPP
ボール	Nチップボール28号
オビ	ニューエイジ（四六判Y目/110kg）
本表紙	NTラシャ（白/四六判Y目/100kg）
見返し	NTラシャ（しろ鼠/四六判Y目/100kg）
別丁扉	NTラシャ（白/四六判Y目/100kg）
口絵	ユーライト（白/四六判Y目/90kg）
本文	メヌエットフォルテ（クリーム/66g）288ページ
花布	伊藤信男商店（no.85/クリーム）
スピン	伊藤信男商店（no.39/水色）

海の本屋のはなし

海文堂書店の記憶と記録

平野義昌 著

2015年7月7日　初版第1刷発行

装幀　原 拓郎
本表紙装画　成田一徹「頬打つ微かな潮風——海文堂書店」
（Office Ittetsu 提供）
索引編集協力　福岡宏泰
校正　聚珍社

発行者　石井伸介
発行所　株式会社苦楽堂　http://www.kurakudo.jp

〒650-0024　兵庫県神戸市中央区海岸通2-3-11昭和ビル101
Tel & Fax:078-392-2535

印刷・製本　中央精版印刷株式会社

ISBN 978-4-908087-01-1 C0095